Transformando
VISÃO ESTRATÉGICA
em
AÇÃO PROATIVA

Transformando VISÃO ESTRATÉGICA *em* AÇÃO PROATIVA

GUIA PRÁTICO PARA OPERACIONALIZAR
E DESENVOLVER AÇÕES ESTRATÉGICAS

LIZ MELLON
SIMON CARTER

M.Books do Brasil Editora Ltda.

Rua Jorge Americano, 61 - Alto da Lapa
05083-130 - São Paulo - SP - Telefones: (11) 3645-0409/(11) 3645-0410
Fax: (11) 3832-0335 - e-mail: vendas@mbooks.com.br
www.mbooks.com.br

Dados de Catalogação na Publicação

MELLON, Elizabeth.

Transformando Visão Estratégica em Ação Proativa/Liz Mellon e Simon Carter.

São Paulo – 2015 – M.Books do Brasil Editora Ltda.

1. Estratégia nos Negócios   2. Administração   3. Negócios

ISBN: 978-85-7680-267-9

Do original: The Strategy of Execution
©2014 by Liz Mellon and Simon Carter
Publicado em inglês pela McGraw-Hill Education

Editor: Milton Mira de Assumpção Filho

Tradução: Monica Rosemberg

Produção Editorial: Lucimara Leal

Capa e Editoração: Crontec

2015
Proibida a reprodução total ou parcial.
Os infratores serão punidos na forma da lei.
Direitos exclusivos cedidos à
M.Books do Brasil Editora Ltda.

Dedicatória

Ao amor, perdido e encontrado.

Sumário

Prefácio 13

Introdução 19
    Empresas gastam bilhões com estratégias 19
        No radar 20
        O que acontece quando os líderes não têm sentimento de posse? 21
    Cinco passos para a execução 22

1. Mobilizando a Aldeia 25
    A Cisco entende 25
        Cowboys 26
        Três ideias fundamentais 27
    O problema em mutação 28
        Média gerência – cola, concreto ou ganso cozido 29
    A aldeia 30
        Por que uma Aldeia? 31
        O bloqueio na Aldeia 32
        Gerência no retiro 32
        É um enigma 33
        Alinhamento 34
        Fazendo a aldeia trabalhar 35
        Transmitindo uma história crível 35
        O que é medido é feito 36
        Outro setor, outra Aldeia 37
        Liderança incrível 38
        Quando o *permafrost* governa 40
    Fazendo a Aldeia avançar 41
        Tornando a Aldeia visível 42
        Traga as pessoas certas para o círculo 42
        Menos é mais 44
        Retruque 45

Convencendo um por vez 47
Clareza 47
Desafie-os se for preciso 48
Cobertura aérea 50
Metas de colaboração 50
Rodinhas de bicicleta 51
Resumo 52

2. Reunindo os Anciãos 53
O que aconteceu com a Nokia? 53
    Foi uma falha tecnológica 54
    É uma questão de liderança 55
Os Anciãos 56
    Anciãos trabalhando 57
    O que o CEO herda 58
    O quanto pode ser desmanchado? 59
Gamificação da liderança 60
    Jogo rolando 61
    QI mais que QE 61
    Consolo na *expertise* 62
    Autocontrole 63
    Um conto diplomático 63
    O ancião é singularmente desqualificado para o trabalho 64
    Líderes críveis e confiáveis 65
    Anciãos que se comportam mal devem sair 67
    Ou você consegue fazer com que cruzem a linha divisória? 68
    Continue pensando à frente 68
Desenvolvendo anciãos sábios 69
    Quando um time não é um time? 70
    Círculo virtuoso 71
    Seja claro sobre o tipo de estratégia 71
    Consenso 73
    Uma batalha por foco 75
    Concordar em discordar 76
    Blefando 77
    Bandeira vermelha 78
    Não envolva política 79
Boa governança 80
    Marque na agenda 81
    Construa confiança na Aldeia 83
    Um verdadeiro Ancião 83
Resumo 84

3. Potencializando o Emocional 85
  Aristóteles e Eurípides 85
    Não acredito em você 85
    Chegando ao topo 87
  Pensar atrapalha 88
    Doce ironia 89
  Confie em seu instinto 89
    Dano emocional 90
    A The Body Shop 91
    Cuidado com a propensão 92
    Os consultores não estão ajudando 93
    Eles falam um dialeto diferente na Aldeia deles 93
    Poderosos demais? 94
  Renove seu QE 95
    Previsivelmente irracional 96
    Abraço metafórico 97
    As pessoas param de ouvir, então pare de falar 98
    Saiba reconhecer quando surgir 99
  Um novo conjunto de competências para execução 99
    Ser influenciável é influente 100
    Paciência é uma virtude 100
    Controle suas emoções 101
    Conectar, conectar, conectar 101
    Seja a mudança que quer ver 102
    É físico 103
    Transmita confiança 104
    Acompanhe o passo 105
    Conectando com propósito 105
  Propósito e paixão 106
    O que é preciso para você mudar de ideia? 107
    Ajudando as pessoas a acreditar no que é certo 109
    Mais do que carisma 110
    Proporcione significado 110
    Apenas crianças grandes, realmente 111
    Coloque o significado em primeiro lugar 112
    Pense diferentemente 113
  Resumo 113

4. Estimulando as Pessoas 115
  Swanborough Tump 115
    O Tump em ação 116

QI não ajuda 118
Podemos fazer melhor.. 118
Conectando para uma cultura de execução.. 120
    É um jogo de comunicação.. 120
    Elimine a cascata 121
    Continue falando 122
    Conectando-se a partir do topo 123
    Use o dialeto local 124
    Nem todo mundo tem o dom.. 124
    Seja memorável 125
    Intermediando – não seja uma caixa de correio.. 125
    Teste de realidade vindo da linha de frente 126
    Faça com que os aldeãos se reúnam 127
Desenvolvendo o senso de posse... 127
    Desesperança aprendida age contra nós 128
    Você tem mais poder do que imagina 129
    Faça sua auditoria de poder... 129
    Elimine o medo do sistema 130
    Aprenda com o fracasso 131
    Aprenda com tudo o que puder 133
    "As pessoas são nosso maior patrimônio"... 133
    Um gato pode parecer um rei.. 134
    De hotéis a cerveja 135
Continuidade.. 136
    A internet estimula a TDAH 137
    Agitação, não mudança 138
    Onde está a ritalina? 139
    Construa uma orientação para desempenho 140
    O correto, não o habitual 141
    Realizações.. 141
    Definição de metas.. 142
    Medições abstratas e concretas 143
    Nunca diga nunca 144
Resumo 147

5. Criando Resistência **149**
A estratégia se tornou uma corrida de curta distância...................................... 149
Um adendo sobre recuperar a estratégia, ou retornar à estratégia 150
    Não é brincadeira.. 151
Resistência para maratonas 152
    Divida em partes 153

Vença a monotonia 153
Correndo a maratona da execução de estratégias 154
  Treinamento 154
  Começando a corrida 155
  Transição a meio caminho 156
  Superdimensione-se 157
Resistência é uma fórmula 158
  Resiliência 159
Tempo de recuperação e redes de terror 160
  Somos nossos próprios inimigos? 161
  Ou estamos negociando exageradamente a boa vontade? 162
  A vida antes do contrato psicológico 163
  Um contrato psicológico fraco prejudica a resiliência 164
  Adaptabilidade 165
  Quão bons são os líderes em táticas de execução? 166
  Criando adaptabilidade 167
  Cuide das fraquezas e aumente as forças 168
  Perseverança 168
  Qualquer cor contanto que seja preto 169
  KISS 170
  Curto prazo novamente 172
Resistência organizacional 173
  A deificação da liderança 173
  O triângulo frio 174
  Acrescente uma perspectiva de processo 175
  Interdependência de sistemas 176
  Recorrendo ao organograma organizacional 176
  A forma segue a função 177
  De volta à Baxi 178
  Existe um denominador? 179
Resumo 179

6. Cinco Passos para a Execução da Estratégia 181
Combinando tudo 181
  BPB plc 181
  Mobilize a Aldeia 183
  Reúna os Anciãos 184
  Potencializando o emocional 185
  Estimule as pessoas 186
  Crie resistência 187
  O que é necessário 188

Guia de autoavaliação 190
    Mobilize a Aldeia 190
    Reúna os Anciãos 191
    Potencializando o emocional 192
    Estimule as pessoas 192
    Crie resistência 193

Notas 195

Índice remissivo 211

Prefácio

Por Costas Markides, professor de estratégia e empreendedorismo que detém a cátedra Robert P. Bauman de Liderança Estratégica da London Business School

Hoje mais do que nunca, a estratégia deve envolver pessoas – tanto no nível racional quanto no emocional. A menos que as empresas encontrem maneiras de engajar a energia e a paixão de seu pessoal para o desenvolvimento de novas ideias estratégicas assim como colocar essas ideias em prática, sua estratégia – por mais brilhante que seja – irá fracassar. Essa ideia está na essência do presente livro, no qual Liz Mellon e Simon Carter fizeram o trabalho admirável de reunir uma lista singular de ideias e táticas sobre como as empresas podem atingir uma meta grandiosa.

Os psicólogos nos dirão que, para conquistar a mente e o coração das pessoas para qualquer coisa, devemos conduzi-las por quatro estágios. No primeiro estágio, você deve comunicar o que está tentando vender para elas (por exemplo, nossa estratégia) para que as pessoas comecem a dizer: "Sabemos qual é nossa estratégia". No segundo estágio, você deve explicar *por que* se decidiu por esta estratégia em particular. Ao final deste estágio, o ideal é que seu pessoal diga: "Sabemos qual é nossa estratégia e entendemos porque você se decidiu por esta em particular. Entendemos também porque esta estratégia é importante *para nós*".

No terceiro estágio, você deve tornar a estratégia crível para as pessoas. Você deve fazer com que as pessoas considerem a estratégia factível de modo que ao final deste estágio elas digam: "Sabemos qual é nossa estratégia e entendemos porque é importante. Não é algo impossível". Por fim, no quarto estágio você realmente deve tornar tudo isso emocional, para que os funcionários comecem a dizer: "Sabemos qual é nossa estratégia e entendemos porque precisamos dela e contribuiremos *pessoal-*

mente para que seja implementada com sucesso". Isto é comprometimento emocional, e como Mellon e Carter argumentam em seu livro, é isso que leva a estratégia ao sucesso.

A falta de comprometimento emocional com a estratégia é certamente um obstáculo importante para uma implementação bem-sucedida. O livro oferece diversas ideias sobre como alcançar este comprometimento emocional não apenas dos altos executivos como também e, mais importante, de todos os funcionários da organização. Ao longo do livro também são apresentadas ideias de como vencer dois outros obstáculos para a execução bem-sucedida de uma estratégia.

O primeiro obstáculo é a *falta de clareza*. Com isso, quero dizer que a maioria dos empregados nem ao menos sabe qual é a estratégia da empresa. É difícil implementar algo quando não se sabe o que é. A pergunta então é: "Por que a maioria dos funcionários não conhece a estratégia da empresa?".

Uma razão possível é que a alta administração falhou em comunicar de maneira clara e convincente qual é sua estratégia. Mas, em minha opinião, a comunicação não é o verdadeiro culpado. Com muita frequência, o que a alta administração comunica repetidamente não é a estratégia, mas declarações genéricas que chama de "estratégia". Essas declarações não proporcionam o direcionamento de que os funcionários precisam.

Estratégia não é uma meta ou um objetivo – são simplesmente as escolhas difíceis que a organização deve fazer em três dimensões: nos clientes que focará e nos que *não*; os produtos que oferecerá e os que *não*; as atividades que realizará e as que *não*. O que proporciona clareza é declarar explicitamente o que *não* vai fazer em vez de apenas o que vai. Fazer essas escolhas é extremamente difícil porque no momento da escolha, ninguém sabe ao certo qual é a decisão correta. Como resultado, a maioria das empresas se esquiva de fazer as declarações difíceis necessárias. Em vez disso, fazem afirmações genéricas como: "Nossa estratégia é ser o fornecedor preferido de nossos clientes" ou "Nossa estratégia será a número 1". Não admira que os funcionários não saibam o que precisam fazer para executar a estratégia. É por isso que a recomendação deste livro de que os líderes devem focar em, no máximo, cinco iniciativas estratégicas é tão importante.

O segundo obstáculo para a execução é a *pouca adequação entre a estratégia e o "ambiente organizacional" da empresa*. Se há algo que aprendemos depois de 50 anos de pesquisa em psicologia social, é que muito mais do que gostaríamos de acreditar, o "ambiente" em que operamos determina como nos comportamos. Como resultado, se quisermos que nossos funcionários se comportem de maneira a dar suporte (em oposição a prejudicar) à execução de nossa estratégia, devemos primeiro criar o ambiente organizacional apropriado.

A empresa que deseja que sua estratégia seja implementada adequadamente deve primeiro fazer a seguinte pergunta: "Que ambiente organizacional devo criar internamente para estimular nos funcionários comportamentos que irão dar suporte à estratégia escolhida?". O ambiente organizacional de qualquer empresa é composto por quatro ingredientes-chave: os sistemas de avaliação e incentivo da empresa; sua cultura, valores e normas; sua estrutura e processos e seu pessoal, incluindo suas competências, sua mentalidade e suas atitudes. Sem o ambiente apropriado, a estratégia certamente fracassará.

As empresas mandam seus executivos frequentar cursos para ajudá-los a mudar suas atitudes e seu comportamento, para torná-los mais criativos, ou voltados para o cliente, ou o que quer que seja. Entretanto, essas empresas esquecem que treinamento não muda o comportamento ou a atitude das pessoas. As pessoas não mudarão o que fazem só porque alguém está dizendo para fazerem isso. Elas só mudarão se forem implementados os incentivos, a cultura e os valores certos. Resumindo, o ambiente organizacional certo. Este livro proporciona inúmeras ideias de como fazer isso.

O livro não só oferece ideias específicas de como executar a estratégia atual, mas também aborda a questão da execução *ao longo do tempo*. Como todos sabemos, nenhuma estratégia permanecerá única e atraente para sempre! Estratégias atraentes não só são imitadas por competidores agressivos como também – e talvez mais importante – novas posições estratégicas que minam a atratividade de nossa estratégia surgem o tempo todo.

Portanto, uma empresa nunca deve se conformar com o que tem. Enquanto luta para manter sua posição atual, deve buscar continuamente novas posições para explorar novas oportunidades das quais pode tirar vantagem. A cultura que qualquer empresa deve se basear é que *a estratégia* não está gravada em pedra. Uma empresa deve permanecer flexível e pronta para ajustar sua estratégia se o *feedback* do mercado não for favorável. Mais importante, uma empresa deve questionar continuamente a forma como opera em sua posição atual enquanto continua batalhando nela contra os competidores. O papel-chave que a cultura desempenha na execução da estratégia é o tema central deste livro.

Não é fácil implementar ou mudar uma estratégia. Contudo, livros como este – repletos de conselhos sólidos, ideias novas e exemplos reais – podem tornar a jornada menos árdua. Obviamente, saber como executar a estratégia é uma coisa, fazer de fato é outra! Contudo, os fundamentos dos passos a serem dados e de como fazer isso estão claramente expressos neste livro maravilhoso.

Agradecimentos

Somos gratos às várias pessoas que nos ajudaram. Nosso primeiro agradecimento vai para os milhares (literalmente) de executivos que compartilharam conosco suas esperanças e temores em conversas num período de trinta anos. A paixão e a energia deles sobre a execução de estratégias desencadeou a nossa própria.

Entrevistamos diversas pessoas, de atletas olímpicos, passando por diplomatas a CEOs, alguns dos quis concordaram em ser citados aqui. Irene Dorner, presidente e CEO do HSBC America, nos proporcionou ideias assim como algumas leis de liderança (tal como a Lei Dorner dos resultados Involuntários). David Levin, Tom Albanese, Jeremy Pelczer, Dominique Fournier, Nick Forster e Pramod Bhasin compartilharam suas próprias experiências duramente adquiridas em execução de estratégias como CEOs. Sir Jeremy Greenstock nos ajudou a entender o paralelo entre negócios e a diplomacia da ONU em Nova York. Ali Gill combinou sua proeza olímpica com *insight* psicológico para lidar com os desafios de liderar a mudança com autopercepção. Rob Kaiser compartilhou detalhes de seu grande banco de dados sobre competências para estratégia comparadas a capacidades para execução. Gareth Kaminski-Cook, Karina Robinson, Philippa Rodriguez, Thomas Kochs, Greg Marchi, Ronnie Bootle, Jack Krellé, Mark Selby, Jenny Duvalier, Claudia Bidwell e Tony O'Driscoll compartilharam histórias pessoais e de outros sobre assumir a posse e fazer acontecer. Stuart Crainer e Des Dearlove, criadores de ideias, tiraram horas de seu trabalho na Thinkers 50 para nos ajudar a colocar nossas ideias em ordem. E por fim, mas não menos importante, o sempre generoso Tim Jenkins que em seguida da sessão de fotos com Mick Jagger veio capturar nossa imagem para este livro. Nossos mais sinceros agradecimentos a todos citados e não citados aqui.

Introdução

Um bom plano executado intempestivamente é melhor que um plano perfeito executado na próxima semana.
– George Patton

Empresas Gastam Bilhões com Estratégias

Todos os anos, as empresas gastam bilhões de dólares com orientação para estratégias proporcionadas pelos melhores cérebros do planeta. Somente na Europa, o mercado de consultoria movimenta 32 bilhões de dólares, e 12% disso vai para consultoria em estratégia – um gasto anual impressionante de 4 bilhões de dólares. O gasto mundial anual, incluindo tudo, de TI a estratégia de negócios, alcançou a casa dos 415 bilhões de dólares em 2013, sendo que, 50 bilhões foram destinados à consultoria em estratégia.[1] E isso é apenas o começo da história. Pense sobre quanto dinheiro é gasto com conferências sobre estratégia, com retiros voltados para estratégia, em que os executivos se encontram para planejar o futuro, com cursos de treinamento em estratégia e com livros sobre planejamento estratégico. Isso pode duplicar esse valor.

Um estudo da McKinsey juntamente com outros estudos mostram que 70% das iniciativas de mudança fracassam – mudanças de sistemas, mudanças culturais, todos os tipos de mudança que se tornam inevitáveis quando queremos incorporar uma nova estratégia.[2] Uma coleção de artigos sobre gestão publicados na *Harvard Business Review* em 2011 sugeriram que cerca de 90% das estratégias falham em entregar os resultados pretendidos, que 95% da força de trabalho afirmam que entender a estratégia da companhia e que 70% fracassam em sua execução.[3]

Então, deste gasto direto de 50 bilhões, podemos muito bem colocar 35 bilhões numa pilha e tocar fogo. Algo fundamental está errado. Gastamos uma fortuna com estratégia, mas ela não funciona. Por que não? A estratégia proporciona um plano de ação, uma maneira de avançar, um senso de direção e propósito. Mas estamos superestimando o papel da estratégia e subestimando o papel crítico da execução. Precisamos de uma estratégia para execução.

No radar

Observe a tela do radar de um navio e verá uma série de informações. Os sinais do radar são reflexos da terra firme e de grandes embarcações usados para confirmar seu curso e permitir que se saiba de quais obstáculos desviar. Mas o radar detecta sinais mais fracos que ressoam de embarcações menores e perigos ocultos. Nem sempre é fácil distinguir esses sinais fracos do ruído de fundo, e é necessário um operador capacitado para reconhecer sinais sutis que indicam um risco potencial.

O mesmo se aplica aos negócios. Líderes rastreiam sinais fracos que podem significar perigo ou oportunidade. Se alguém em Dakota do Norte cancela um pedido, isso significa um problema maior? Se um empregado está faltando muito, isso significa um problema pessoal ou falta de engajamento com o trabalho? Uma queda nas vendas semanais é uma aberração ou o início de um processo de declínio?

Ao identificar um sinal fraco, o líder inteligente o armazena, verifica e triangula informações. Às vezes, não é nada. O sinal desaparece da tela e o navio corporativo continua navegando suavemente.

Mas, vez ou outra, o sinal torna-se mais forte, destaca-se da massa indistinta de outros sinais e anuncia a si como algo em que se deve prestar atenção.

Isso foi o que aconteceu com este livro.

No início desta década fizemos um trabalho abrangente com os oitenta principais executivos de um banco internacional que emprega mais de 70 mil pessoas. O que nos impressionou foi como os executivos se referiam ao banco na terceira pessoa – o banco faz isso, o banco insiste naquilo. Eles eram o 0,1% do topo. Quem era o banco se não eles?

A execução de estratégias é surpreendentemente pouco pesquisada. As pessoas tendem a focar na criação da estratégia e na sua compreensão em vez de como se realiza o salto para a realidade. Mais adiante, encontramos alguns estudos acadêmicos que pesquisaram todos os trabalhos sobre fracassos na execução de estratégias.[4] Havia uma omissão berrante na pesquisa. Não mencionava o papel dos altos executivos na execução de estratégias.

O que acontece quando os líderes não têm sentimento de posse?

Ao longo dos últimos trinta anos, trabalhamos com executivos e organizações do mundo inteiro. Frequentemente nos impressionamos com a inteligência e a energia das pessoas que conhecemos. São pessoas perspicazes, engajadas, que querem melhorar a performance de suas organizações.

Mas, apesar desse empenho honesto, frequentemente há desapontamento. Programas de mudança são interrompidos. Estratégias são formuladas, mas murcham na vinha corporativa. Ideias e iniciativas brilhantes desaparecem na atmosfera organizacional.

O que começou, há apenas dez anos, como um sinal fraco de advertência sobre a potencial falta de sentido de posse entre os líderes mais seniores de uma empresa tornou-se uma cacofonia. O que a princípio era um suave refrão aumentou consistentemente para um coro. O coro diz: "Por que eles não entendem?" ou "Não estão agindo rápido o bastante". Às vezes é: "Eles não têm ambição"; em outras ocasiões, "Eles não têm sentimento de posse".

A mensagem é clara. Por alguma razão, os executivos deste nível crítico não estão atendendo as expectativas que se têm deles. E isso acontece no âmbito de diversas organizações e setores. Em centenas de conversas, milhares de executivos compartilharam suas histórias de frustração conosco e com seus colegas. O sentimento de posse e a paixão do CEO não chegam ao nível seguinte. Esses são executivos com uma responsabilidade considerável pela condução do negócio, que têm um poder imenso. Eles dirigem grandes unidades do negócio. E se sentem fora do alcance e sem controle.

Se a cascata da estratégia já está obstruída a esta altitude, então a chance de se implementar qualquer estratégia – não importa quão brilhante – está seriamente comprometida. Simplesmente não vai acontecer. O verdadeiro desafio para a execução eficiente de estratégias hoje começa com os executivos seniores. Não com o CEO e a equipe executiva, mas com os líderes que se reportam a eles.

Cinco passos para a execução

Nos últimos cinco anos concentramos nossa energia em tentar descobrir por que isso acontece e quais seriam a soluções potenciais. Entrevistamos executivos do mundo inteiro e interrogamos muitos outros participantes de nossos programas executivos para obter a verdade.

O resultado é *A Estratégia da Execução*.

Assim como muitos executivos, percebemos que identificar um fenômeno é uma coisa. Fazer alguma coisa sobre ele é o verdadeiro desafio. *A Estratégia da Execução* oferece uma rota de saída com quatro passos para qualquer líder preso no deserto corporativo entre uma excelente estratégia e uma execução bem-sucedida. CEOs são contratados como estrategistas e demitidos por um desempenho medíocre.

O passo 1 começa com uma pergunta crítica, mas mal explorada sobre a surpreendente falta de sentimento de posse por parte dos alto executivos e maneiras de solucionar isso. Chamamos esses executivos seniores de Aldeia. Passamos então para o passo 2 e consideramos como eles podem ser melhor conduzidos pelo CEO e pelo time executivo. Chamamos este grupo de Anciãos da Aldeia. A verdade é que a maioria das estratégias são excessivamente planejadas e mal conduzidas. No cerne do livro, no passo 3, examinamos a fundo por que os executivos contínua e erroneamente tentam conduzir um tema emotivo, como a mudança, muito racionalmente. Uma análise racional e um *feedback* objetivo não ajudam alguém que tem medo de um futuro diferente a pegar sua coragem e avançar. No passo 4, explicamos como disseminar a posse da execução de estratégia por toda a organização e, no passo 5, focamos na criação de resistência para maratona de execução da estratégia. Em seguida, apresentamos no Capítulo 6 um guia de autoavaliação para que você possa checar se sua organização está pronta para executar a estratégia eficientemente.

Então os cinco passos são:

1. Mobilizar a aldeia
2. Reunir os anciãos
3. Potencializar o emocional
4. Estimular as pessoas
5. Criar resistência

Junte-se a nós.

1

Mobilizando a Aldeia

*Líderes notáveis fazem tudo para estimular a autoestima de seu pessoal.
Quando as pessoas acreditam em si próprias, é surpreendente o que conseguem realizar.*
—Sam Walton[1]

A Cisco entende

A Cisco foi fundada em dezembro de 1984 e sediada em San Jose, Califórnia. Marido e mulher, Len Bosack e Sandy Lerner, ambos trabalhando na Universidade de Stanford, queriam trocar e-mails entre si a partir de seus escritórios localizados em prédios diferentes, mas não conseguiam. Não havia tecnologia que conseguisse lidar com protocolos em áreas distintas. Eles e outros cientistas da computação desenharam um sistema de software, Internet Operating System (IOS), que podia enviar fluxos de dados de um computador para outro. Como resultado de solucionar seu desafio, nasceu o roteador multiprotocolo. O software foi carregado em uma caixa contendo microprocessadores desenhados especialmente para roteamento e, em seguida, foi vendido como um pacote para empresas.

A Cisco é o encanador do mundo da tecnologia, produzindo roteadores, conectores, telefonia por IP, data centers, dispositivos móveis e tecnologias de rede avançadas para manter dados em movimento "7/24", no vernáculo Cisco. A demanda dos consumidores levou a um sistema on-line de suporte ao cliente em 1992 e em meados dessa década, a empresa fornecia serviços de consultoria e soluções voltadas para o cliente.

Em 2007, o CEO da Cisco, John Chambers, participou do Fórum Econômico Mundial em Davos, Suíça.[2] Ele se impressionou com a qualidade das respostas produzidas num exercício em grupo sobre a visão da vida em 2015 e se convenceu de que a liderança e a tomada de decisão do topo para a base e de comando-e-controle não deveriam mais existir. Em abril de 2007, ele repetiu o exercício na Cisco e constatou que três grupos diferentes de funcionários deram a mesma resposta para uma pergunta sobre a estratégia da empresa para dispositivos móveis. Chambers disse: "Você pode consultar os 40 ou 50 principais de seu pessoal, depois os 300 principais e depois seus 3.000 e ainda assim chegar às mesmas decisões."[3]

Em 2009, Chambers reestruturou a Cisco criando uma série de 43 juntas que se reportam a 12 conselhos, cada qual com 14 membros, incluindo um ou dois vice-presidentes seniores. Os 12 conselhos com 14 pessoas (os principais 168) reportavam para o comitê operacional, que era composto dos 15 principais executivos da companhia, incluindo Chambers. Foi delegado poder de decisão a todos os membros das juntas e dos conselhos em sua função ou unidade de negócios. Quais são as vantagens desta abordagem? Os líderes das unidades de negócios que antes competiam por poder e recursos agora compartilhavam a responsabilidade pelo sucesso de cada um. E o papel de tomador de decisões significava que eles tinham posse da execução das mesmas.

Cowboys

Na antiga "cultura cowboy" da companhia, personalidades fortes eram recompensadas por tirar umas às outras do caminho para obter a aprovação de Chambers. A antiga economia interna da Cisco antiga era baseada no mercado. Depois da reorganização em juntas e conselhos, a remuneração dos executivos passou a ter como base o desempenho coletivo da empresa, não da unidade de negócio individual do executivo. O vice-presidente da Cisco, Ron Ricci, disse à época: "Uma das formas tradicionais de definir poder em uma grande corporação é pelos recursos que você controla. É uma das características malignas de uma corporação. Se você controla recursos para seu uso unilateral, pode se distanciar do todo maior, mesmo que tome boas decisões". Chambers disse: "Agora recompenso nosso time de liderança com base em sua colaboração e visão de longo prazo. Se tirarmos o foco de como se saíram, hoje, esta semana, este trimestre, vai funcionar."[4]

John Chambers queria criar uma companhia com menos dependência no CEO, menos deferência à hierarquia e um envolvimento mais disseminado na tomada de decisão. Além desses atributos, ele também conseguiu decisões mais rápidas, alocação de recursos mais veloz e uma empresa mais ágil. Seus líderes, os principais 168 que faziam parte dos conselhos, seguidos dos 500 das juntas, sentiam a posse das decisões de que participavam e, portanto, agiam mais rápido para sua execução. Adotaram uma mentalidade de empresa abrangente, enxergando a Cisco como um todo, não apenas sua parte no negócio.

Não vemos isso em muitas organizações. A Cisco é realmente incomum. E é o que defendemos aqui, como o primeiro passo para uma execução de estratégia eficiente.

Não precisa ser feito da mesma maneira, é claro. Existe mais de uma maneira organizacional para criar senso de posse nos principais 100 executivos. E o objetivo é este.

Três ideias fundamentais

Passar da estratégia para a execução sempre foi difícil. Em outras palavras, a execução nunca foi fácil, e as pessoas que afirmam o contrário estão enganando você ou a si próprias (e possivelmente a ambos).

Este livro não trata de como obter a aprovação da estratégia. Esse processo envolve o CEO, o time executivo, o conselho e todo um grupo externo de partes interessadas. O que é importante. Começar a empreitada sem a aprovação das partes externas interessadas é um negócio arriscado. Dominique Fournier nos dá um exemplo. Ele era CEO da Infineum, uma *joint-venture* de pesquisa formada entre a Exxon e a Shell, até 2012. Obter a aprovação de uma estratégia exige muito trabalho duro nos bastidores inclusive fazer *lobby* para obter a anuência de todos e poder avançar. Você não pode forçar decisões ou implementar ideias antes que sejam plenamente aceitas. Fournier fez isso certa vez e descobriu a duras custas que não é aconselhável. Ele partiu para a implementação de uma estratégia adequada para a Infineum, mas não tinha a aprovação expressa do conselho. A iniciativa terminou após 12 meses, representando um esforço desperdiçado, frustração e perda de credibilidade em sua liderança. "Achei que era o certo para a Infineum, mas estava errado em implementar sem a anuência. Tive de desfazer tudo – foi doloroso."[5]

Este livro trata de como executar a estratégia. Uma vez que tem a estratégia aprovada, como você faz para torná-la uma realidade?

Neste capítulo, focamos em três ideias fundamentais. A primeira é que a base da luta para executar uma estratégia mudou com o tempo. Costumávamos pensar que empregados arredios na base da organização eram o obstáculo. Mas hoje existe um consenso crescente de que o problema mudou de lugar. Nosso trabalho ao longo de muitos anos neste campo nos convenceu de que o gargalo da execução da estratégia passou para vários escalões acima na organização moderna. Não é o CEO e geralmente também não é seu time executivo imediato; eles entendem a importância da execução. Tampouco são as pessoas na base da organização; elas executarão a estratégia se tiverem a liderança apropriada. O obstáculo para a execução de uma estratégia reside nos 100 principais executivos mais seniores. Por que os chamamos de os *100 principais?* É uma aproximação. Às vezes são mais, às vezes menos, dependendo do tamanho, da natureza e da abrangência geográfica da organização. Por exemplo, na CISCO são cerca de 160; na Rio Tinto, 120; na Whitbread, 40 e na Jaguar Land Rover são 160. Pense em termos do principal 0,1% a 0,2% da população total.

A segunda ideia diz respeito a este grupo de 100 executivos principais. Nós os vemos como uma comunidade, como uma aldeia. E, a menos que abracem a estratégia e se envolvam ativamente, a estratégia (qualquer que seja) está fadada ao fracasso. A terceira ideia trata de como lidar com o desafio e mobilizar estes 100 principais para agir.

Então temos três ideias simples: primeiro, o maior obstáculo para a execução são os 100 principais da organização. Segundo, se como uma comunidade eles não apoiam ativamente uma estratégia, então ela está morta. Terceiro, algumas ideias consistentes sobre como eliminar o bloqueio e fazer os 100 executivos adquirirem um senso de posse e levar a estratégia à execução.[6] Primeiro, vamos examinar a evolução do problema de baixo para cima nos últimos 150 anos.

O problema em mutação

Se pensarmos nos primeiros 70 a 80 anos do último século, qualquer barreira para a evolução de um negócio era colocada solidamente nas costas dos trabalhadores. Na verdade, esta propensão teve origem na Revolução Industrial. O consultor mais famoso no final do século 19 e início do século 20 foi Frederick Winslow Taylor,[7] que usou princípios da engenharia para aumentar a produtividade nas fábricas drasticamente. Sua crença era de que as pessoas eram preguiçosas e aproveitariam qualquer oportunidade que tivessem para relaxar o ritmo. Segundo ele, as pessoas deviam ser controladas por gerentes ou especialistas (nos princípios organizacionais que defendia) para se obter um bom dia de trabalho.

Média gerência – cola, concreto ou ganso cozido

Quem iria se voluntariar a ser um gerente médio quando esses são os rótulos que descrevem você? Na década de 1980, a culpa foi transferida para a média gerência, antes considerada a cola que mantinha a organização unida, mas que passou a ser vista como a barreira para o sucesso. Esta "camada de concreto" foi culpada por não traduzir a estratégia perfeita vinda do topo em ações e entrega para os trabalhadores.[8] Roger Smith, presidente e CEO da General Motors em 1981, referia-se à média gerência como a "média congelada".[9]

Líderes tentaram eliminar a média gerência criando organizações mais enxutas e com maior autonomia, em que uma quantidade menor de estratos focava a entrega de serviços aos clientes. Tom Peters, o primeiro autor a escrever sobre administração que teve um livro de gestão incluído na lista de *best-sellers* e o primeiro especialista em administração a ser chamado de guru, escreveu: "A média gerência, como a conhecemos desde que foi inventada pelas estradas de ferro depois da Guerra Civil, é *ganso cozido**".[10]

O batalhão de "gansos cozidos" da gerência média foi dizimado durante as décadas de 1980 e 1990 – e ainda não acabou. Um artigo[11] recente publicado na revista *The Economist* citou a Unilever, o gigante da alimentação e saúde, numa história sobre a redução consistente de camadas da gerência de impressionantes 36 níveis no início deste século para seis atualmente. Conforme a *The Economist* coloca, "Subir de nível em lugares como esses geralmente era uma recompensa por longevidade, não por competência. Muitas corporações simplesmente acumulavam gerentes ao longo do tempo. Pouco surpreende, portanto, que os esforços

---

* O termo usado por Tom Peters, *cooked geese*, também é uma expressão idiomática que significa estar arruinado ou arruinar os planos de alguém. (N.T.)

recentes para a redução de custos se concentraram na gerência média". Mas *média gerência* e *burocracia* não são sinônimos; depende do que se espera que façam. Por exemplo, sabemos que o relacionamento de um indivíduo com seu gerente imediato é crítico para a motivação e a produtividade.[12] O bom gerente pode obter um desempenho extraordinário de sua equipe, enquanto o gerente ruim faz as pessoas desistirem. Bons gerentes de pessoas, com iniciativa para equilibrar as necessidades das operações diárias da empresa com a necessidade de implementar uma estratégia mais abrangente, ainda podem desempenhar um papel valioso nas organizações hoje.

É possível que se economize dinheiro no curto prazo cortando a média gerência, especialmente se você deixou o recrutamento ou a promoção neste nível fora de controle, embora muitos acreditem que a economia seja ilusória.[13] Contudo, não existe evidência de que a organização se torne melhor em execução de estratégia com menos gerentes médios. Na verdade, pode ocorrer o oposto. Segundo o membro do corpo docente da Wharton School, Joe Ryan, "Em épocas de corte de custos, reações involuntárias podem ocorrer. Existe um paradoxo em que a gerência média é essencial, mas acaba pilhada quando há uma reestruturação. É uma situação difícil porque as pessoas necessárias para conduzir os projetos mais importantes são as do meio".[14]

Acreditamos que o problema da execução de estratégias hoje reside no topo – não nos trabalhadores ou na média gerência. Nós os chamamos de Aldeia. Vamos conhecer seus habitantes.

A Aldeia

Como você se torna membro da Aldeia dos 100 principais? Você deve estar à frente de uma parte grande do negócio. Pode ser uma área geográfica, uma função ou uma unidade de negócios. Por exemplo, você pode ser o chefe global de marketing, o gerente geral para a Índia ou o CEO de compressores a gás. Você é líder por direito próprio. Você é responsável por seus resultados financeiros e comanda o desenvolvimento de estratégias em sua parte do negócio. No mínimo, você espera participar da conferência anual em que o CEO apresenta e atualiza as estratégias para a organização como um todo.

Por que uma Aldeia?

Ao observar como nós seres humanos historicamente estruturamos nossa sociedade, vemos que o elemento básico é a aldeia.[15] Antropólogos, tais como Roger Dunbar, afirmam que o número ideal de relacionamentos com que podemos lidar é de cerca de 150 – o tamanho de uma pequena aldeia.[16] Isso é conhecido como "número de Dunbar", e seu trabalho é fascinante. De acordo com ele, o tamanho médio atual do neocórtex humano foi desenvolvido há cerca de 250 mil anos. É o tamanho de nosso cérebro que limita o número de relacionamentos significativos que conseguimos administrar, ou monitorar, simultaneamente. Quando o tamanho de um grupo excede este limite, torna-se instável e começa a se fragmentar. Suas pesquisas sobre tamanho de aldeias e tribos embasam isso. A população estimada de uma aldeia rural no período Neolítico era de aproximadamente 150 pessoas. Similarmente, 150 representa o ponto de divisão nas colônias Huteritas[17] e 150 era o tamanho da unidade básica dos exércitos em Roma e nos tempos modernos desde o século 16.

Portanto, se quisermos criar uma comunidade unida para ação no topo de nossas organizações, 150 é o tamanho máximo que irá funcionar.

Algumas organizações escolhem estruturas que fazem bom uso do *insight* de Dunbar. Sir Richard Branson, fundador do Grupo Virgin de empresas, ficou famoso por popularizar a ideia nos primórdios de seu império na década de 1970, quando procurou manter o tamanho de suas unidades de negócios em 150. Ele ainda acredita nisso hoje. Branson afirma: "O desafio, conforme você cresce, não é ser tão grande que acaba se tornando como as outras companhias aéreas. Tentar permanecer pequeno enquanto cresce é muito importante. Qualquer empresa com mais de 250 pessoas num mesmo prédio corre o risco de começar a ser impessoal. Num mundo ideal, 150 é o número máximo de pessoas que deveriam trabalhar num mesmo local ou numa organização, de modo que todos se conheçam por seu nome de batismo".[18]

O número 150 também inclui relacionamentos passados com os quais você ainda quer manter contato. Dunbar nos diz que 150 seria o tamanho médio do grupo para comunidades com um alto incentivo para os membros permanecerem juntos. Para que um grupo de 150 permaneça coeso, ele estima que 42% do tempo do grupo deveria ser dedicado a criar laços. E é aí que o problema começa.

O bloqueio na Aldeia

A diferença entre uma aldeia real e a Aldeia dos 100 principais nas empresas é que, na primeira, você mora perto de seus vizinhos e os conhece – às vezes bem demais. Você pode enxergar o outro lado da rua e a pracinha central e ver o que os vizinhos estão fazendo em seu dia a dia. Seus caminhos se cruzam e conversas e gracejos mantêm todos em contato. Alguns permanecem e outros se vão, mas os recém-chegados estão visíveis e são assimilados pela comunidade.

Em contrapartida, a Aldeia dos 100 principais está espalhada por toda a organização e, numa multinacional, pelo mundo inteiro. Fica difícil para os 100 executivos se identificar como parte de uma comunidade com responsabilidade especial pela execução de estratégias para a organização como um todo. Estão separados, se não pela geografia, então por função ou especialidade, em seus diversos papéis como líderes em países ou em cargos, serviços ou linhas de produtos. Conforme um executivo reclamou: "Você nos diz que somos os 150 principais, mas nós nem mesmo nos vemos. Não somos um grupo. Raramente nos encontramos". Ele queria ser parte de uma comunidade de liderança em sua organização, mas simplesmente não via como isso poderia ser feito. Os aldeãos podem nem mesmo ser os 100 executivos mais seniores, visto que geralmente alguns poucos de alto potencial, mas mais executivos juniores, serão incluídos. Eles costumam se reunir com o grupo apenas uma vez ao ano em uma conferência formal organizada apenas para eles. O objetivo da conferência é o CEO explicar a estratégia, apresentar o progresso até o momento e instigar este grupo de executivos a dedicar mais esforços. Se o CEO e a equipe de executivos constroem a estratégia, este grupo a faz ganhar vida. Sem essas pessoas, nada acontece. Mas eles não enxergam isso.

Gerência no retiro

Vamos pensar sobre a norma na maioria das organizações. O argumento é que a Aldeia dos 100 principais sabe quem são seus membros só porque se encontram uma vez por ano durante alguns dias. É uma reunião anual de dois ou três dias num hotel grande ou um centro de convenções. Comunicar informações – sobre novas ideias, produtos, estratégias, oportunidades e desafios – seria o objetivo central. Geralmente, isso assume a forma de apresentações em um palco. Entre cada apresentação há oportunidade de se entrosar, seja por meio de sessões formalmente desenhadas ou por eventos informais como um almoço. Todos os participantes usam um crachá com seu nome, para que possam se dirigir aos colegas pelo nome, embora eles talvez não saibam de que parte da empresa o outro vem ou o que ele faz. É improvável que qualquer pessoa consiga conversar com todos os outros 99 durante este curto período. Eles literalmente nem mesmo conseguem se conhecer durante o evento, quanto mais se ver como um grupo. Pode haver alguns eventos sociais, provavelmente limitados a um jantar, ou talvez a adição de um evento especial como uma atividade externa. O que quer que aconteça definitivamente não atende à definição de "criar laços" de Dunbar. Geralmente, por questões de segurança a empresa não lista os membros ou detalhes de contato, portanto, a menos que você troque cartões de visita durante o evento, não conseguirá contatar as pessoas depois. Há um caminho muito longo a percorrer para criar uma verdadeira comunidade proativa.

Portanto, o problema fundamental é que os membros deste grupo crítico de executivos não se enxergam como uma comunidade. Espalhados como estão pela empresa, com consideráveis responsabilidades pessoais, seu objetivo é entregar resultados em sua parte do mundo. E apenas em sua parte do mundo. Para que seu negócio atinja as metas estratégicas, eles têm objetivos abrangentes acompanhados pela ambição de sucesso. E são levados a entregar os resultados que se espera deles.

No entanto, não têm um senso de responsabilidade e responsabilização coletiva. Não enxergam ou entendem o poder que podem manejar como um grupo. Não entendem a oportunidade que têm de agir como uma força permanente. Eles se veem como indivíduos que dirigem e defendem sua parte do negócio, com suas equipes, sob a instrução e a exortação do topo. A apresentação da estratégia para eles é um meio de ajustar a ação a suas fronteiras pessoais, não uma oportunidade de desafiar, remodelar e ter o senso de posse do que deve ser entregue pela empresa como um todo. Eles não se veem como líderes de toda a empresa.

É um enigma

O CEO olha para baixo e vê a comunidade que precisa ser mobilizada para entregar a estratégia. É por isso que a companhia incorre na despesa de passagens aéreas para trazer os executivos para a reunião de estratégia. A comunidade, no entanto, não se enxerga de forma alguma como tal; nem mesmo como uma aldeia virtual.

Então temos um enigma. Os membros da aldeia não se enxergam como uma comunidade para uma ação coletiva, mas o CEO e a equipe executiva os veem como fundamentais para a execução. E a execução, para ser bem-sucedida, deve ser coordenada entre esses jogadores importantes. Não é função do CEO fazer o papel de juiz, portanto a coordenação implica na colaboração de toda a Aldeia. Mas um membro da Aldeia, por definição, detém um cargo importante e já tem mais que o suficiente para fazer diariamente sem precisar se preocupar sobre ser parte de uma comunidade virtual e colaborar com pessoas que ele encontra uma vez por ano, se tanto. Como podemos ajudar os membros da Aldeia a dar importância a isso? Como isso pode se tornar uma parte essencial do trabalho do aldeão?

Alinhamento

Para executar uma estratégia de forma eficiente e eficaz, deve haver um consenso em torno das metas comuns em todos os níveis da empresa. Primeiro há consenso no topo, que deve se tornar um alinhamento entre os membros da Aldeia dos 100 principais. O alinhamento então deve se transformar em colaboração nos níveis descendentes da organização. No entanto, se me vejo como um líder solitário conduzindo as operações da empresa na Índia, então considero meu papel fazer o melhor pela Índia, não pela empresa como um todo. Então, é possível que eu tome decisões e atue de maneira boa para a Índia, mas talvez não para o resto da empresa. Se eu pudesse me ver como parte de uma comunidade poderosa formada pelos 100 principais líderes que devem agir em uníssono para que a estratégia seja bem-sucedida, então eu me sentiria mais inclinado a agir de maneira a mobilizar toda a organização a avançar, não apenas minha parte dela. Eu já tenho liberdade de agir do meu jeito em minha faixa de areia, mas para revolucionar a praia, precisamos ser uma comunidade unificada.

É um verdadeiro desafio alinhar 100 pessoas (ou 70, ou 150, dependendo do tamanho de sua Aldeia). Mas pode ser feito.

Fazendo a Aldeia trabalhar

Irene Dorner é presidente e CEO do HSBC America desde outubro de 2011. Em 2013, o HSBC era o terceiro maior banco de capital aberto e a sexta maior sociedade anônima do mundo.[19] O HSBC é uma empresa grande e complexa num setor que ainda enfrenta dificuldades em consequência da crise financeira de 2008. Liderar o HSBC America tem seu próprio quinhão de problemas singulares, a começar pela aquisição do Household International em novembro de 2002. Na época, a iniciativa foi amplamente aclamada como um passo estratégico inteligente. Uma matéria de capa na revista *The Banker* em 2003 afirmava: "Quando os historiadores do setor bancário olharem para trás, poderão concluir que foi o melhor negócio da primeira década do século 21."[20] Em 2009, o então presidente do HSBC Stephen Green declarou publicamente que, em retrospecto, o HSBC não deveria ter adquirido o Household International.[21]

Dorner compartilha os problemas que ela e sua própria Aldeia (no caso dela, os principais 120) enfrentaram no desafio de mudar a cultura e executar a estratégia:

> *Eu herdei uma situação desafiadora quando cheguei, com problemas corporativos não declarados e uma cultura pobre sustentada por várias práticas más. Eram três companhias (duas subsidiárias e uma holding), cada qual com um CEO, sendo eu um deles. A autoridade e a responsabilidade eram muito dispersas. Só adquiri o controle de todos os negócios em outubro de 2011, quando então tive o verdadeiro senso de posse. Em fevereiro de 2012, promovi uma conferência de liderança para os principais 120 executivos. Na época, nenhuma das unidades de negócios podia articular as estratégias uma das outras, tampouco as funções de suporte. Criei um período de anistia e perdoei a todos por não conhecerem a estratégia – não tínhamos a versão de sustentação da mesma. Normalmente, não conhecer a estratégia é uma falha grave.*[22]

Transmitindo uma história crível

A primeira ação de Dorner foi reunir a Aldeia. Ela entendia o problema, mas nem todos esses líderes entendiam a estratégia como um todo, tampouco sua contribuição para ela. Na qualidade de líder do nível 5, ela assumiu a culpa porque sentia que não havia comunicado isso com clareza.[23] Ela começou a transmitir a mensagem para criar alinhamento na Aldeia. Sua mensagem era positiva, enxergando as dificuldades da empresa como um desafio para a mudança e a base para o sucesso, não como o fim da linha. Ela foi muito clara sobre o valor da Aldeia. Dorner acrescentou: "Você não pode executar sua estratégia a menos que seja visto como alguém confiável e que seja capaz de transmitir a ideia para este grupo dos mais seniores". O primeiro passo para criar alinhamento não ocorreu sem percalços. Os Aldeãos receberam uma cópia das apresentações em PowerPoint da reunião, na expectativa de que apresentassem para suas equipes. Muito poucos fizeram isso.

O que é medido é feito

Destemida, Dorner promoveu uma segunda conferência em setembro de 2012, sete meses mais tarde, na qual explicou a estratégia novamente e lançou um programa de mudança de cultura. Desta vez, quando as apresentações em PowerPoint foram distribuídas, ela deixou suas expectativas mais claras – usá-las para informar as equipes em suas unidades era obrigatório. Ela inclusive criou um roteiro com as mensagens estratégicas para os 120 principais, prontas para serem comunicadas para o nível seguinte. E, assim como em todo processo de execução abrangente, ela checou se a tarefa havia sido cumprida consultando os funcionários para quem a mensagem deveria ter sido repassada. Então houve pressão sobre os 120 principais para que essa comunicação acontecesse. Pressão de cima para baixo dela como CEO; pressão de baixo para cima das pessoas que se reportavam diretamente a eles, que não queriam ouvir dos colegas que não estavam recebendo mensagens passadas para os outros; e pressão dos colegas do grupo dos 120 porque qualquer falha de ação era visível e mensurável.

A história de Dorner é típica em seu reconhecimento do papel fundamental desempenhado pelos 100 principais. Embora tenha herdado desafios em muitas frentes, ela foi perspicaz em reconhecer que conseguir obter a aceitação da Aldeia era primordial para executar a estratégia e mudar a cultura. As unidades de negócios e suas funções entendiam sua parte no quebra-cabeça, mas não conseguiam visualizar a empresa como um todo e, portanto, não entendiam o contexto amplo no qual tomavam decisões. Não entendiam o papel de cada um dos membros e sentiam dificuldade em articular a estratégia. Desse modo, nada avançava. Com o passar do tempo, as pessoas perderam a confiança em sua habilidade de entrega, então ela precisava tomar o cuidado de contar a história da estratégia como uma maneira de proporcionar o que poderia ser alcançado, e não como um meio de assustar as pessoas sobre o que estava emperrado.

Dorner também ofereceu um período de anistia, para que as pessoas ganhassem confiança e não fossem responsabilizadas por sua inabilidade em articular uma estratégia que ela própria achava que havia sido mal comunicada. Dorner acredita que não conhecer a estratégia neste nível de senioridade é uma falha executiva grave. Ela continua a reunir os membros da Aldeia duas vezes por ano, com muito contato, incluindo a consulta aos que se reportam diretamente ao grupo, no período entre os encontros. Como andam as coisas? O fato foi notado pela matriz que começou a perguntar como ela conseguiu o alinhamento e a aceitação. Nada gera mais confiança do que o sucesso. Segundo Dorner, "Noventa por cento deles agora estão a bordo. Somos sérios, podemos fazer isso e provamos que podemos".

Outro setor, outra Aldeia

David Levin é o CEO da UBM, um conglomerado multinacional de mídia sediado em Londres. A história das empresas que atualmente fazem parte da UBM remonta quase 200 anos desde a fundação do *Journal of Commerce*, publicado pela primeira vez por Samuel Morse em 1827. Atualmente, o *Journal of Commerce*, continua a ser publicado tanto no formato impresso quanto no digital pela UBM Global Trade. Muitos outros títulos lançados no século 19 por empresas que fazem parte do conglomerado UBM ainda são publicados, incluindo a revista *Building*, lançada em 1843 por Joseph Hansom. A companhia foi fundada em 1918 como United Newspapers por Davis Lloyd George para adquirir os periódicos *Daily Chronicle* e *Lloyd´s Weekly Newspaper*. Adotou o nome United Business Media em 2000, quando vendeu o *Daily Express* para Richard Desmond. Levin fala o que a execução da estratégia significa para ele:

Ao liderar esta mudança cultural, toda a minha atenção esteve focada nos líderes da linha de frente, aqueles que precisam subir ao topo da montanha e convencer os outros a seguirem. Isso significa concentrar-se nas 70 ou 100 principais pessoas da empresa e fazer com que elas de fato concordem, usando uma abordagem holística. Discutimos a estratégia e focamos em alinhamento e valores e em seguida asseguramos que tenham autoridade e autonomia para fazer as coisas acontecerem. Então eu inicialmente me concentro neste 1,5% da população total de 6.500 funcionários. E funcionou. Quando examinamos as pesquisas internas com nosso pessoal, o comprometimento e o sentido de posse neste nível é significativamente maior que o de qualquer outro na UBM e maior que a média padrão mundial. De fato, vemos inclusive isso refletido por um índice maior entre os que se reportam diretamente a eles.[24]

Mais uma vez aqui sentimos o poder e o impacto do CEO que foca nos executivos mais seniores e influentes para acionar a primeira alavanca da execução de estratégia. Obtenha o apoio deles, e isso terá um efeito dominó no resto da organização. Levin vê como uma parte vital de seu trabalho motivar sua Aldeia dos 70 principais de forma que os aldeãos se sintam empolgados e inspirados. Então, eles podem explicar isso para os níveis abaixo, que devem executar a estratégia com o mesmo senso de engajamento. Ele inclusive se responsabiliza por medir o nível deles de comprometimento, para que possa avaliar se está fazendo a coisa certa. Assim como Dorner, ele busca continuidade. À medida que requer o sentido de posse da estratégia, ele deixa claro para eles que está tomando conta da UBM por um determinado período de tempo e espera passar o bastão da liderança para eles. Levin os estimula a opinar sobre a estratégia para aumentar o senso de posse e instigar para que sejam proativos.

Liderança incrível

É necessário entender o papel fundamental da Aldeia como primeiro e mais crítico passo da execução de estratégia. Os 100 principais devem avançar com você. Nem todo mundo é tão perfeccionista quanto eles são em empreender ações precisamente e dar continuidade. Sempre existe uma expectativa de que para executivos tão seniores quanto estes, basta apenas a menção de um curso de ação para que se envolvam nela. Não é este o caso. Não é porque tenham dificuldade de compreensão ou más intenções. Se fosse este o caso, seria muito pequena a probabilidade de que alcançariam ou permaneceriam na Aldeia. A questão é mais que a vida está atribulada, eles têm prioridades corporativas próprias e "vão se dedicar a isso oportunamente". E é porque muitos dos líderes deles subestimam a importância do toque pessoal e do poder de se comunicar diretamente e com frequência com as pessoas sobre o que elas precisam fazer para que a estratégia seja executada.

Às vezes, o CEO e a equipe executiva podem até atrapalhar em vez de ajudar. Um CEO recebeu um conselho muito infeliz sobre seu papel na conferência anual sobre estratégia. Um homem reservado e tímido foi estimulado a saltar do palco ao final de sua apresentação, fazer pose de quem está tocando guitarra e gritar "Let's rock!". A atitude foi recebida com um silêncio de estupefação. Em outra empresa, a equipe executiva havia desenvolvido uma nova estratégia estimulante. A empresa estava realmente em posição de se globalizar; possuía uma tecnologia de ponta suportada por produtos novos e uma reputação invejável. Tinha uma história maravilhosa e as pessoas estavam empolgadas para ouvi-la. Surpreendentemente, não houve vazamento sobre a estratégia, que deveria ser lançada fora da empresa em um local extravagante na Grécia. Os 300 principais líderes foram reunidos em um teatro e, na escuridão total, uma música animada começou a tocar. O rosto da equipe de executivos era iluminado por um halo de luz e depois voltava à escuridão, conforme cada um falava a partir de seu lugar no palco para contar a história da nova estratégia. A atmosfera, que a princípio era eletrizante, lentamente tornou-se de pantomima. O CEO foi o primeiro a falar, com o rosto iluminado por baixo ele fez sua apresentação com paixão, convicção e verve. O CFO, que falou em seguida, mostrou-se claramente atrapalhado com o estilo de apresentação, mas fez o melhor que podia – parecia um pouco com um pai nervoso dançando com a noiva na festa de casamento. Depois foi a vez do diretor de vendas, que estava visivelmente competindo com o CEO para ser o melhor ator da noite. Conforme cada líder era iluminado a partir do queixo e depois voltava à escuridão, a história se perdeu em encontros e desencontros. Tornar-se global era um passo importante e a ideia precisava ser vendida cuidadosamente, mas sua credibilidade foi perdida na teatralidade do evento. Aplausos educados no recinto foram seguidos mais tarde por descrédito e conversas desalentadoras em grupos menores. A venda fracassou.

Não deveríamos esperar que a Aldeia simplesmente seguisse. É preciso empenho e concentração. Os Aldeãos detêm a chave para o sucesso ou o fracasso da execução da estratégia. Ajudá-los a entender a importância de seu papel mostra a eles o caminho à frente. É a diferença entre eles atuarem como solo permanentemente congelado (*permafrost*) ou como a fina camada ativa no topo do permafrost.[25] Se estiverem congelados, nada mais vai se mover.

Quando o permafrost governa

Quando é malfeito, é feio. Voltemos ao exemplo de comandar uma região como um dos 100 principais. Se sou o CEO da Índia, obviamente será importante para mim entender a estratégia corporativa geral. Posso abraçá-la ou resistir a ela, mas certamente prestarei atenção nas mensagens-chave do CEO mundial e da matriz. Mas se eu tomar uma decisão que beneficia a Índia, mas cria uma desvantagem para a África do Sul ou a Indonésia, ficarei menos perturbado. Será menos visível para mim. Eu provavelmente conheço o CEO da unidade da África do Sul, mas não tão bem, portanto, não sentirei o remorso ou a culpa que acompanha decepcionar um amigo. E é bem provável que eu espere que a matriz atue como mediador ou tome uma decisão diferente se as pessoas de lá quiserem revogar a minha (mas sou um jogador bastante poderoso e posso me sair muito bem em minha região.)

Vamos avançar para a conferência anual sobre estratégia, onde eu talvez nunca encontre com o CEO da unidade da África do Sul, (ficaremos em uma sala bem lotada e só passaremos dois dias juntos). Vamos permanecer otimistas e dizer que de fato temos uma chance de nos encontrar. Talvez não tenhamos muita oportunidade de discutir sobre o que aconteceu quando nossas estratégias colidiram porque estamos ocupados ouvindo sobre a nova estratégia e passando da palestra do CEO para o *briefing* do CFO e para sessões de discussão com diferentes combinações de grupos de nosso pares. Se viermos a falar sobre o que aconteceu, é bem provável que seja uma discussão rápida e bastante defensiva. Então nosso embate ou não será abordado ou será abordado rápida e superficialmente. E não é apenas a questão da estratégia geral que atrapalha. Não é incomum regiões ou unidades de negócio dentro da mesma companhia competirem pelo mesmo cliente, inclusive reduzindo preços individualmente para tentar garantir a venda. Os clientes reclamam sobre vários representantes de vendas da mesma companhia os visitando em sequência, oferecendo pacotes diferentes a preços diferentes. Um executivo disse: "Às vezes parece muito mais fácil trabalhar com parceiros de fora do que com colegas de dentro da empresa".

Já faz um bom tempo desde que Lew Platt, ex-diretor executivo da Hewlwtt-Packard (1992-1999) disse: "Se a HP fizesse o que a HP sabe, seríamos três vezes mais produtivos",[26] mas parece que a mesma inabilidade de compartilhar e colaborar permanece bem viva nas empresas atualmente. Será que podemos melhorar isso? Como podemos ajudar os membros da Aldeia a agir como uma comunidade unida?

Até agora, abordamos os dois primeiros estágios da mobilização da Aldeia – localizar e identificar a Aldeia dos 100 principais e oferecer alguns exemplos de CEOs que motivaram seus Aldeãos a agir em conjunto. Vamos passar agora para a terceira e última ideia deste capítulo: um pouco de heurística generalizada para fazer a Aldeia adquirir senso de posse e avançar para a execução da estratégia.

Fazendo a Aldeia avançar

Existem vários aspectos para fazer a Aldeia avançar. Devemos tornar os aldeãos visíveis uns para os outros como uma comunidade e verificar se a Aldeia está com os habitantes certos. Em seguida precisamos ajudá-los a adquirir o senso de posse da execução da estratégia proporcionando a eles poder para moldar a estratégia. Alguns Aldeãos precisarão ser convencidos um a um e outros talvez precisem ser apropriadamente desafiados se sabotarem a execução. Às vezes, os esforços de execução de alguns precisarão ser protegidos do ataque de outros. E, por fim, precisamos assegurar que eles tenham a vontade e a capacidade de executar. Vejamos primeiro como tornar a Aldeia visível.

Tornando a Aldeia visível

O primeiro aspecto da mobilização da Aldeia é ajudar os membros desta comunidade importante a enxergar uns aos outros.

Um retiro anual por alguns dias é inadequado, especialmente quando a comunicação frequentemente é unilateral. É como baixar informações vindas do topo sobre o que precisa ser feito no ano seguinte. Portanto, promova reuniões mais de uma vez por ano e por um período um pouco mais longo que dois dias. Reestruture as sessões para que os membros da Aldeia tenham tempo de conversar sobre o que realmente interessa. O argumento contra isso é sempre: "Não podemos nos dar ao luxo de ficar fora do escritório por tanto tempo". Como você pode se dar ao luxo de não ficar fora do escritório, quando adquirir entendimento e alinhamento é a única maneira de fazer a companhia avançar sem que as pessoas tropecem umas nas outras? Mude sua maneira de pensar sobre o papel deste grupo crítico e das conferências de que eles participam. Veja isto como um trabalho importante e essencial, não como algo a que é preciso se adequar e que atrapalha o verdadeiro "trabalho".

Identifique este grupo como uma comunidade e como uma força poderosa permanente, e então atribua a eles a responsabilidade de executar a estratégia da organização como um todo. Não se trata apenas dos encontros físicos da Aldeia, embora eles ajudem a consolidar os relacionamentos pessoais. Trata-se de ser identificado como uma comunidade, com direitos e responsabilidades especiais. Os membros podem estar na linha direta com o CEO ou ter sua própria seção na intranet da companhia. Podem ser os conselheiros do CEO. As mensagens dirigidas a eles devem ser sobre o papel de sua posição única e o coletivo em permitir a execução da estratégia, de uma maneira que não pode ser alcançada nos níveis acima e abaixo deles. Tom Albanese, até 2013 CEO do gigante da mineração, Rio Tinto, mantinha *conference calls* regulares com subgrupos de líderes deste nível. Ele estava examinando, tomando o pulso da empresa, conversando sobre o que era importante em sua mente e obtendo o mesmo como retorno.

Traga as pessoas certas para o círculo

Tom Albanese liderou a Rio Tinto como CEO por quase seis anos, de maio de 2007 até o início de 2013. A Rio Tinto foi fundada em 1873 e, à época em que ele deixou a companhia, era uma das três maiores mineradoras do mundo em valor.[27] Albanese conduziu a Rio Tinto com segurança na compra da Alcan, uma aquisição hostil da BHP Billington e uma tentativa desafiadora de diversificar os negócios e a participação acionária da China – a terceira iniciativa acirradamente disputada por acionistas da Austrália. Ele é um estrategista consciencioso, que evita conflitos e é convicto ferrenho no trabalho duro para conquistar a anuência dos executivos seniores. Um pensador original, Albanese tem uma perspectiva diferente sobre a Aldeia:

As corporações ganharam eficiência ao criarem funções globais como Compliance (conformidade), Saúde e Segurança e Procurement – mais eficientes porque essas funções salvaguardam a expertise e aplicam sistemas globais que economizam na duplicidade e, consequentemente, em recursos. Mas, ao mesmo tempo, a globalização criou uma estrutura mais difícil para o desenvolvimento e a propagação de estratégias. Devido às funções globais, uma porcentagem maior de altos executivos agora enxerga o mundo através de lentes funcionais bastante estreitas. Paralelamente, um número menor de gerentes consegue ter uma visão holística do negócio (eles precisam acatar ou seguir o conselho das funções principais), e assim, acabam sendo menos úteis na criação da estratégia.[28]

É uma perspectiva interessante. Numa organização global, faz sentido criar sistemas e funções globais. Por quê? Tomemos os Recursos Humanos (RH) como exemplo, a função que cuida dos empregados. Se você quer que sua força de trabalho tenha mobilidade, para que possa transferir as pessoas para a parte do mundo que precisa delas, então faz sentido ter um conjunto de normas globais de emprego. Sem isso, você terá duplicidade, cada país inventa suas próprias regras e formas de trabalho. São criadas discrepâncias: por exemplo, se eu mudo para outro país, o novo país empregador pode ter uma política de remuneração diferente daquela do país em que eu estava anteriormente, ou inclusive me oferecer um nível salarial diferente – o que significa que eu posso não querer mudar se o salário for menor, ou forçar uma mudança se o salário for maior.

No pior dos casos, em algumas companhias os empregados precisam pedir demissão de uma entidade legal e ser admitidos em outra da mesma companhia. Isso desperdiça tempo e recursos além de diminuir a motivação do empregado para se mudar, porque, independentemente das promessas, pedir demissão é arriscado. Então os argumentos para criar funções globais são atraentes. Uma política de RH global, administrada por uma função, pode eliminar discrepâncias como esta. Mas o que se perde com este processo? Primeiro, existem mais chefias funcionais entre os 100 principais executivos, cujo trabalho é dar suporte, em vez de implementar a estratégia. E a estratégia perde também contribuição, e senso de posse, das pessoas que de fato conduzem o negócio. As mãos delas estão amarradas porque precisam estar em conformidade com as regras globais e perdem o controle e a visão geral do negócio. Se levado ao extremo, as funções podem se tornar tão poderosas que brecam a execução da estratégia, já que a empresa inteira precisa dançar de acordo com a música extremamente lenta das regras globais que podem não servir para todas as regiões (As mesmas regras servem para os Estados Unidos e para a China?). Albanese argumenta com propriedade que os 100 principais podem não ser os 100 adequados.

Menos é mais
Albanese prossegue:

> *Os 100 principais eram os 50 principais de dez anos atrás, porque mais funções foram tiradas das mãos dos gerentes que de fato conduzem o negócio e colocadas nas mãos das chefias funcionais. (Dos 120 principais da Rio, cerca de 50% são chefias funcionais.) Pior, os gerentes precisam consultar e gastar tempo convencendo as funções. Esta é uma enorme despesa indireta. O grupo dos principais é mais eficiente como estrutura de custo, porém menos eficiente como centro de estratégia e execução na organização.*[29]

Então a questão é equilibrar a vantagem e a desvantagem das funções globais. A vantagem é a economia de custos. (Na verdade, isso também deteriora com o tempo, na medida em que cada região precisa de no mínimo um empregado funcional para lidar com a função global na matriz e, assim como Topsy na *Cabana do Pai Tomás*,[30] o número de pessoas empregadas para este propósito na região tende naturalmente a crescer com o tempo.) A desvantagem é a perda de senso de posse da estratégia e uma execução lenta. E se reduzíssemos os 100 principais para 50 ou 60? Provavelmente, continuaria sendo necessário incluir algumas funções, como recursos humanos, porque o líder desta função é essencial para construir o capital humano de que a organização necessita. Tomando a Rio Tinto como exemplo, com cerca de 75 mil funcionários, 60 principais em vez de 120, reduziria a Aldeia de 0,1% para 0,08% da população total, dificilmente haveria uma perda drástica de representação. O número reduzido facilitaria muito o trabalho conjunto. Haveria mais oportunidades de discutir e debater, seria mais fácil incorporar as ideias deles na estratégia e seria mais simples reuni-los com mais frequência.

Começamos com a essência da mensagem de Albanese – escolha cuidadosamente quem irá fazer parte de seus 100 principais. A ideia agora foi expandida. A questão de se os 100 principais incluem as pessoas certas se tornou agora a questão de se 100 principais é um número muito grande. Será que o grupo primordial deveria ser formado por líderes da empresa e líderes com alto potencial capazes de focar em alguns poucos assuntos estratégicos importantes? Precisamos que eles tenham senso de posse da estratégia porque assim estarão mais comprometidos com sua execução.

Retruque

Todos os Aldeãos precisam enxergar que parte de seu papel é trabalhar em conjunto com seus colegas. Se alguém deixa de contribuir e de possuir a estratégia com a qual os outros se engajaram, a execução dessa estratégia será vista como uma opção, não como uma convicção. Começaremos a ver facções e alianças entre aqueles que acreditam na jornada e aqueles que não. Conforme os não participantes buscam justificar sua alienação, enviarão diferentes mensagens e agirão em discordância com seus colegas. A estratégia começará a sofrer mutações, e imperativos estratégicos irão perder a clareza e se tornar confusos. No curto prazo, a companhia sairá perdendo porque os resultados que poderiam ser alcançados se todos estivessem juntos não se concretizarão. No longo prazo, o dano é mais subversivo. O senso elementar de comunidade, tão difícil de manter ao longo de fronteiras geográficas, funcionais e de fuso horário, começará a se dissipar. Aqueles que se dedicaram de corpo e alma ficarão decepcionados e desestimulados.

Você pode ter certeza de que no ano seguinte será ainda mais difícil obter alinhamento para a execução da estratégia. O que precisamos é senso de posse na Aldeia toda, de cada um dos Aldeãos.

Qual é a melhor maneira de adquirir este senso? É deixar que os aldeãos tenham voz ativa na modelagem da estratégia. Isso traz senso de posse.[31] É claro, você pode deixar que o tempo exija as reações deles sobre as apresentações de estratégia feitas na conferência anual, porém é mais sério do que isso. É necessário um processo consistente. Uma empresa de TI com 250 mil empregados possui um aplicativo interno semelhante ao Facebook, com 60 mil pessoas online ao mesmo tempo. Qualquer um pode postar uma solicitação de ideias e obter respostas. Se isso pode ser feito com 250 mil, um espaço reservado na intranet da companhia para 150 pessoas deve ser facilmente replicável.

Karina Robinson é CEO da Robinson Hambro, que é uma empresa sediada na Inglaterra especializada em recrutamento de membros de conselho e em dar suporte a presidentes. Neste trabalho, ela conhece muitos CEOs. Veja o conselho dela: "O CEO e três conselheiros próximos são os que de fato criam a estratégia, mas então os inteligentes socializam com os 100 principais. Não com todos de uma vez, mas em conversas com pequenos grupos. O CEO explica a estratégia em detalhe para que todos adquiram um senso de posse".[32] Parece uma receita para o caos, com 100 ou mais vozes envolvidas na criação da estratégia – o animal proverbial criado por um comitê, que acaba sendo um camelo. Robinson é otimista: "O CEO possui uma vantagem intrínseca e será ouvido. Então eles vão apenas mudar as coisas na margem".[33] O que parece uma manobra arriscada torna-se uma maneira sensata de assegurar que as pessoas essenciais para levar a estratégia à execução entendam e validem o direcionamento como um todo. Eles também têm a oportunidade de atuar como um teste de realidade, porque, às vezes, ideias que parecem ótimas no papel podem se revelar praticamente impossíveis de implementar. As vozes deles foram ouvidas e agora eles têm a posse das ideias e irão executá-las sem precisar de supervisão ou direcionamento.

Nick Forster é diretor de operações da Reed Exhibitions, uma divisão da Reed Elsevier PLC, que é uma empresa que faz parte da listagem FTSE 100 com bases em mais de 200 localidades. A Reed Exhibitions possui um portfólio de 500 eventos em 39 países, incluindo feiras de negócios, conferências e encontros abrangendo 44 setores, desde aviação e aeroespacial a beleza e cosméticos a esportes e recreação. Forster comenta que: "A forma como a estratégia é criada certamente é uma parte grande do problema. A estratégia é o decreto de curto prazo da visão do CEO, elaborado em conjunto com uma pequena equipe. Precisa incluir um grupo mais amplo e você precisa selecionar as pessoas-chave que serão envolvidas".[34]

Convencendo um por vez

Forster também considera a persuasão um a um como um meio de ganhar a aceitação. "Os 100 principais devem realmente enxergar a visão geral e pensar no futuro no longo prazo. Mas você precisa identificar onde os obstáculos de fato estão. O envolvimento precoce é crítico para o senso de posse. Nunca se consegue 100% de convictos, mas você precisa selecionar as pessoas – comece pelos convictos. Como você identifica em quem focar? Conheça seu pessoal – vá visitá-los, tenha conversas informais com eles e use seu instinto".[35]

Forster faz distinção entre a comunicação generalizada com os 100 principais numa conferência e identificar e se concentrar em indivíduos específicos de um grupo para proporcionar um tratamento especial. Ele também sugere procurar executivos que se engajam logo no princípio e trabalhar com eles para alavancar sua convicção. O CEO não consegue fazer isso sozinho, você precisa de defensores no sistema.[36] Os adeptos precoces que disseminarão a ideia e convencerão os outros a seu favor, sem instrução, porque simplesmente acreditam no que você está fazendo. Identificar os adeptos requer um instinto aguçado em relação a pessoas, uma percepção das convicções delas e um relacionamento forte o bastante para ter as conversas necessárias com eles sem embaraço. Forster tem este instinto aguçado e gosta de estar com pessoas. Para ser franco, nem todo líder sênior tem esta sensibilidade, e você precisará de um plano de ação se não tiver bom instinto com pessoas.

Clareza

Parte do problema de comunicação diz respeito à clareza e à convicção da mensagem do CEO. Conforme Irene Dorner aconselhou anteriormente, o CEO deve mostrar credibilidade e articular mensagens para a Aldeia.

Mas as mensagens não podem parar na fronteira da Aldeia, caso contrário o resto da organização não as seguirá. O CEO e a equipe de executivos que trabalha com ele é que detêm a responsabilidade geral pela estratégia, não os membros da Aldeia. Como você sinaliza claramente a todos que o CEO, a equipe de executivos e a Aldeia estão todos alinhados? Voltamos novamente a Dorner, que sugere, "Pense sobre a execução muito visualmente neste nível. Eles devem estar diante de você para receber a mensagem e depois virar-se fisicamente para estar diante da organização como um todo. Então devem voltar novamente para a base, atualizar-se, virando-se para estar diante de mim".[37] Ela recomenda um fluxo constante de debate e comunicação, bidirecional, visível para a organização como um todo, para simultaneamente obter e sinalizar alinhamento.

O saudoso Colin Marshall, que foi CEO da British Airways de 1983 a 2004, desempenhou um papel central em transformar a companhia de uma entidade de capital aberto amplamente menosprezada em uma das companhias aéreas mais populares na década de 1980.[38] Ele ficou famoso por usar representação visual em sua recuperação da British Airways. Em uma de suas conferências com os 100 principais, depois que as apresentações terminaram, ele e os outros no palco viraram de costas para o público criando a imagem de um avião, com Marshall no assento do piloto e todos os outros alinhados atrás dele. Como Dorner diz, deve ser visual: faça com que eles vejam você e então vire-se fisicamente e passe adiante exatamente a mesma mensagem para aqueles que estão atrás deles.

Desafie-os se for preciso

Nem sempre será imediato e nem todos são fáceis de convencer.

Um CEO conta a história da jornada de um ano para criar uma nova estratégia, envolvendo consultores, eventos externos e *workshops*. Ele fez tudo o que foi possível para assegurar a aceitação unânime dos principais 60. Ele tem sensibilidade para lidar com pessoas e as observa de perto, portanto identificou os hesitantes, os volúveis e os descontentes. Ele trabalhou com eles para trazê-los a bordo. A transição seria dolorosa para alguns, visto que a organização foi reestruturada de silos funcionais para unidades de negócios voltadas para o cliente. O equilíbrio de poder foi transformado com novas contratações mescladas a funcionários de longa data para ajudar a eliminar conflitos em partes da empresa. Próximo ao final do período de preparação, um pouco antes do lançamento, o CEO percebeu que não havia convencido um jogador crítico. Este homem não era o mais sênior do grupo dos 60 principais, mas era influente – as pessoas o ouviam.

O CEO disse: "Observei a sala. Podia sentir o grau de convicção em cada rosto. E então parei no semblante dele. E pude ver que ele não havia entendido. As pistas comportamentais sutis revelavam que ele estava fingindo dar suporte. Por que ele não me procurou? Por que não procurou os colegas? Criei infinitas oportunidades para todos individualmente e coletivamente questionarem o plano, as premissas, a logística, os jogadores-chave e as consequências. Por que ele não se abriu? Mais importante, por que não percebi?".

Achamos que este CEO foi muito duro consigo mesmo. São muitas pessoas a convencer; é fácil deixar passar alguém. Infelizmente, ele deixou passar a pessoa errada. A boa notícia é que ele percebeu a tempo. Mas agora, o que fazer? Deixar por isso mesmo e esperar que este executivo seja varrido pela onda da mudança, que a força cinética será suficiente para carregá-lo? Pensamento tentador. E ao mesmo tempo perigoso. O CEO estava prestes a lançar a maior mudança estratégica que a companhia já presenciou, e um jogador-chave, um jogador influente, não estava convencido. Vamos voltar para a história de um CEO anterior:

> *Foi uma situação difícil. O que fazer? Deveria prosseguir quando tinha um canhão defeituoso em nosso time principal, ou confrontá-lo, com a possibilidade de uma confusão e provavelmente uma explosão pública justamente no ponto de lançamento? Os negócios de sua parte da organização eram críticos para nossa vantagem competitiva de longo prazo. Escolhi a confrontação – em particular, chamando-o para uma conversa pessoal. Falamos sobre uma diversa gama de tópicos e tornei a conversa confortável para ele ao mesmo tempo em que direcionava para a discussão para como poderíamos assegurar a melhor contribuição dele da maneira mais produtiva comercialmente. Ele entendeu. Disse que queria ser deixado fazendo o trabalho que amava e não ser varrido junto de todo o ruído da mudança.[39]*

A confrontação terminou bem neste caso. Deixaram o executivo sair e ser recontratado como consultor, para que pudesse fazer o trabalho de que gostava sem ter de aceitar o redirecionamento estratégico maior, que lhe desagradava. E se não tivesse terminado bem? Nosso CEO deveria ter buscado a confrontação? Enfaticamente sim. É possível que houvesse uma batalha pública, uma disputa aberta ou tentativa de motim, com o executivo recrutando outros para esta causa. Mas teria sido feito, finalizado como um desafio – o CEO tem o poder máximo. O outro caminho, com um descrente rondando a organização, teria significado uma batalha mais longa, dissimulada com um resultado mais incerto. O dano causado seria disseminado e mais difícil de conter. Voltamos ao desafio de Dunbar. Como construir e preservar um senso de comunidade para que os membros da Aldeia tenham um incentivo forte para jogarem juntos harmoniosamente?

Cobertura aérea[40]

O CEO e o time executivo precisam tirar a tralha do meio do caminho – isto é, eliminar os obstáculos que podem retardar ou prejudicar os Aldeãos. Um obstáculo grande é sempre o critério usado para recompensar indivíduos. Se o sistema está definido de forma que a meta está baseada em indivíduos ou unidades de negócio, o incentivo será maximizar seu próprio resultado e se preocupar menos se isso terá um efeito ruim no resultado dos outros. O objetivo aqui é estimular liderança na empresa como um todo, para que as pessoas se preocupem mais com o conjunto do que com partes individuais. Uma execução sem percalços resulta de todos trabalhando bem juntos, por toda a empresa. Como se consegue isso?

Metas de colaboração

Existem duas maneiras para fazer as pessoas se preocuparem com as metas organizacionais assim como com suas próprias. Uma delas é definir o que é colaboração em sua situação, tanto comportamentos como práticas, e avaliar os Aldeãos quanto a isso. A mensuração pode ser quantitativa ou qualitativa, mas uma vez que os dados são reunidos, aja com clareza em conformidade com eles. Muito frequentemente, executivos seniores exortam comportamentos que não são recompensados na prática. Por exemplo, se você diz que colaboração é importante, mas recompensa as pessoas por alcançarem resultados excepcionais a despeito do fato de que é notório que não colaboraram, isso sinaliza que a colaboração não é tão importante afinal. Trata-se de encontrar um equilíbrio entre recompensar *o que* foi alcançado com *como* foi feito. Trata-se também de pensar no longo e no curto prazo. Resultados de curto prazo podem ser alcançados com um mau comportamento e sem consideração com os colegas, mas isso prejudicará o comprometimento e o ânimo no longo prazo.

Outra opção é combinar o sucesso individual com esforços na empresa como um todo é a contagem dupla. É controverso e algumas organizações detestam isso, enquanto outras utilizam este formato com sucesso há anos. Essencialmente, o resultado de uma empresa é atribuído até certo ponto às unidades que colaboraram para que isso acontecesse. Você pode ver que, dependendo da habilidade com que isso é feito, o pior cenário seria a companhia pagar duas vezes pela mesma atividade, o que ela talvez não seja capaz de bancar no longo prazo. Portanto, é preciso ser cuidadoso. Uma maneira hábil e inteligente que vimos isso ser feito é quando uma das partes recebe recompensa financeira e o parceiro colaborador recebe reconhecimento.

O princípio fundamental diz que você não pode pedir uma perspectiva da empresa como um todo e recompensar o empenho individual, e ainda esperar por colaboração.[41]

Rodinhas de bicicleta

É claro, não é suficiente para os Aldeãos serem capazes de ver uns aos outros e acreditar na mesma visão e direção. Eles só irão se voluntariar se acreditarem que são capazes de contribuir e fazer diferença, portanto um desenvolvimento contínuo para esses executivos é importante. Estimule o treinamento. É muito fácil acreditar que uma vez que se torna um Aldeão, não há mais nada a aprender (ou proteger o orgulho próprio fingindo que não há mais nada que você possa aprender). Não se trata apenas de atualizar suas competências técnicas e interpessoais; trata-se também de construir autoconfiança.

Resumo

Neste capítulo de abertura, descrevemos o nível mais sênior da hierarquia, os 100 principais, como o mais crítico para a execução da estratégia. Explicamos como, com a evolução da teoria da gestão, tornou-se claro que o obstáculo para a execução de estratégias não está na força de trabalho geral, ou com a muito vilanizada média gerência, mas reside nos 100 principais executivos da organização. Obter a aceitação deles é crítico para passar de estratégia para execução, dando vida à estratégia e concretizando-a.

Também abordamos como mobilizar os 100 principais tornando-os visíveis como uma Aldeia, ou comunidade, entre si e para o resto da organização; como ter as pessoas certas na Aldeia; como ajudá-las a adquirir um verdadeiro senso de posse pela estratégia e sua execução e, por fim, como remover obstáculos de seu caminho.

Ao longo deste capítulo, falamos sobre a Aldeia como se seus membros se reportassem diretamente ao CEO, mas não é bem assim. Eles estão próximos o bastante do CEO para conhecê-lo e interagir com ele – as mensagens tendem a ser passadas diretamente. Mas existe outro grupo importante na Aldeia. É o time executivo que se senta mais perto do CEO, atuando como conselheiros e defensores. Esse grupo de pessoas geralmente é conhecido como conselho executivo, porque toma decisões sobre estratégia e lidera a execução na organização. Nós os chamamos de Anciãos da Aldeia. Abordaremos o papel deles no próximo capítulo. Como podemos assegurar que a comunidade dos 100 principais da Aldeia está sendo bem guiada pelos Anciãos?

2

Reunindo os Anciãos

O verdadeiro líder não é um buscador de consenso, mas um modelador de consenso.
– Martin Luther King

O que aconteceu com a Nokia?

Até recentemente, a Nokia era a lenda da adaptabilidade e da sobrevivência. Os predecessores da Nokia moderna foram a Nokia Company (Nokia Aktiebolag), a Finnish Rubber Works Ltd (Suomen Gummitehdas Oy) e a Finnish Cable Works Ltd (Suomen Kaapelitehdas Oy). A Nokia foi fundada em 1865 quando o engenheiro de mineração Fredrik Idestam estabeleceu um moinho para processamento de celulose nas margens do Rio Tammerkoski na cidade de Tampere no sudoeste da Finlândia, pertencente ao império russo, e começou a fabricar papel. Desde então, traçou um longo caminho. Nesta jornada, a Nokia deu alguns passos óbvios como ingressar na indústria das telecomunicações na década de 1970, assim como muitas outras empresas de equipamentos elétricos (produzia cabos elétricos com isolamento). Também sobreviveu a crises ao longo do caminho. A empresa passou por sérias dificuldades na década de 1980. A Nokia fornecia eletrônicos de alta tecnologia para do bloco soviético em troca da matéria-prima que usava para produzir pneus e plásticos. A queda do bloco soviético em 1989, e dois anos mais tarde da União Soviética, fez a demanda desses produtos despencar, cortando pela metade o negócio de telecomunicações da Nokia e destruindo os planos de expansão internacional.[1] Entretanto, a Nokia se recuperou e, em 2006, era líder de mercado com uma participação de 49,4%. Era a empresa global número 1 em telefones móveis e tão popular que uma pesquisa com jovens revelou que eles pensavam que a Nokia era uma empresa japonesa. A Nokia era o sonho de consumo dos celulares. Mas a recuperação da Nokia preparou o terreno para um outro fracasso? Anos de crescimento repetido e sucesso construídos perigosamente com base numa ortodoxia – uma mentalidade que começou a moldar as decisões e o julgamento do time de liderança. Ben Wood, analista da CCS Insight, diz que: "A complacência entrou no jogo. Eles achavam que não fariam nada errado".[2] Então, em janeiro de 2007, o mercado mudou para sempre quando a Apple lançou seu iPhone. A Nokia tentou responder, mas seu sistema operacional Symbian era inferior. As vendas caíram dramaticamente. Em 2011, a Nokia fez uma parceria com a Microsoft para criar a marca Windows Phone, mas mesmo assim não conseguiu se recuperar, e em 2013 sua fatia de mercado havia encolhido para 3%.

Após 148 anos de negócios bem-sucedidos e transições importantes ao longo de décadas, a Nokia estava batalhando para sobreviver. O preço de sua ação caiu de US$40 no final de 2007 para menos de US$2 em meados de 2012, e em 18 de junho de 2012, a Moody's baixou a classificação da Nokia para junk (Zack.com). Neste mesmo mês, o CEO[3] da Nokia Stephen Elop admitiu que a inabilidade da empresa em prever mudanças rápidas na indústria da telefonia móvel foi uma das principais razões para os problemas que a empresa vinha enfrentando. Em 3 de setembro de 2013, a Microsoft concordou em comprar a divisão de telefones celulares da Nokia por 7,2 bilhões de dólares, com o acordo a ser finalizado no início de 2014, sujeito a aprovação dos acionistas da Nokia. O líder da BBC afirmou: "De domínio do mercado a *sell-off* em menos de dez anos". A venda da Nokia para a Microsoft provocou um grande abalo no orgulho nacional finlandês. O presidente da Nokia Risto Siilasmaa considerou a longa história de transformação da companhia como a causa do otimismo quando disse: "A data de hoje marca o dia da reinvenção da Nokia. É o começo dos próximos 150 anos de sua história".[5]

Foi uma falha tecnológica

Uma parte da explicação é definitivamente sobre tecnologia e grande parte dela está em registros públicos graças a declarações transparentes do CEO Elop e da ampla cobertura da imprensa e da escola de administração. Quando o iPhone foi lançado, em janeiro de 2007, tinha protótipos equivalentes em vários estágios de desenvolvimento mas decidiu lançar o N95. Sob um ponto de vista, provavelmente foi a decisão certa, pois era tecnicamente superior ao iPhone. O N95 foi um grande sucesso, o que trouxe um fluxo de receita que só fez mascarar problemas subjacentes com outros produtos. Mas sob o ponto de vista tecnológico, foi um erro. Um dos executivos que recentemente deixou a Nokia nos disse: "Achávamos que éramos uma companhia de telefone quando, na verdade, éramos uma companhia de computadores. Não tem a ver com o aparelho. Tem a ver com ecossistemas. A Samsung tem o Android, e a Apple tem o iOS, e as duas juntas são as que mais lucram com telefones celulares. Ter o sistema da Microsoft no celular é brilhante, mas ninguém está usando, então ninguém o desenvolve".

Em setembro de 2010, Elop juntou-se à Nokia vindo da Microsoft, substituindo Olli-Pekka Kallasvuo como CEO e tornando-se o primeiro diretor não finlandês da história da companhia. Em fevereiro de 2011, um memorando interno altamente crítico e sarcástico de Elop vazou, inteiro, para a imprensa.[6] Abordava algumas das dificuldades técnicas que a Nokia enfrentava. "O primeiro iPhone foi lançado em 2007, e ainda não temos um produto que chegue perto dessa experiência. O Android entrou em cena há dois anos, e esta semana eles tiraram nossa liderança em volume de smartphones. Inacreditável."

É uma questão de liderança

Mas Elop também fez alusão aos problemas internos e à liderança da Nokia. "Como chegamos a este ponto? Por que ficamos para trás quando o mundo todo ao nosso redor evoluiu? Acredito que ao menos parte disso se deve a nossa atitude dentro da Nokia. Acredito que nos falta responsabilidade e liderança para alinhar e dirigir a companhia nesses tempos difíceis. Não estamos colaborando internamente."

Um dos 100 principais Aldeãos respondeu assim:

Faltava credibilidade ao time de liderança. O memorando de Elop criou a "plataforma em chamas" para a mudança, mas a nova estratégia foi lançada apenas dois dias depois. Então, não tínhamos uma visão que nos dissesse para onde saltar da plataforma, somente um relatório sarcástico de erros. Quando a nova estratégia foi revelada numa confe-

> *rência para os 200 principais, não nos surpreendeu que nosso sistema operacional Symbian finalmente seria substituído. Fiz um projeto para o Comitê Executivo em 2005, ressaltando como ainda estávamos tendo dificuldades com o sistema. Na época, eles reconheceram que estavam fazendo algumas mudanças, mas que não foram grandes nem rápidas o bastante. Não, nossa surpresa e preocupação era que o time de liderança que havia nos colocado nessa encrenca permaneceria basicamente o mesmo. A complacência era o verdadeiro problema. Havia uma disputa declarada entre os 100 principais sobre os rumos que estávamos tomando como companhia. Eles nunca aceitaram nossa crença e nossos argumentos.[7]*

Esta é a opinião de uma pessoa, não um estudo científico ou uma pesquisa. Mas se mesmo um dos Aldeãos reporta este profundo desencantamento com o time de liderança, a execução da estratégia já vai ser prejudicada. As mensagens dos Anciãos devem ser sinceras para que os Aldeãos acreditem. Eles devem ser críveis para fazer a Aldeia avançar.

Terminamos o último capítulo deste livro dizendo que a Aldeia deve ser bem liderada. Neste capítulo, investigamos o que isso significa. Se quisermos que a estratégia funcione na prática, precisamos que o time do mais alto escalão, aquele acima dos 100 principais, veja como sua função prioritária convencer e dar condições para que a Aldeia passe para a ação. Não eles próprios executando, mas focando em governança, na criação de estratégias e em estimular os outros a agir. O desafio que enfrentamos é que a maneira como a maioria dos líderes são desenvolvidos significa que, quando atingem as posições mais seniores, estão singularmente mal qualificados para o trabalho que devem fazer. Portanto, neste capítulo, abordamos três temas. Primeiro, que a Aldeia seja liderada pelos Anciãos. Segundo, que os Anciãos devem ser sábios, mas a maneira como os desenvolvemos significa que nem sempre são. E, por fim, examinamos como os Anciãos podem adquirir a sabedoria de que precisam para liderar.

Os anciãos

Na vida pública, "The Elders" (Os Anciãos), presidido por Kofi Annan, é um grupo independente de líderes globais que trabalham juntos pela paz e pelos direitos humanos. A ideia começou como uma conversa entre o empresário Richard Branson e o músico Peter Gabriel. A ideia que discutiram era simples: muitas comunidades procuram seus anciãos para orientação e ajuda para resolver conflitos. Num mundo cada vez mais interdependente – uma aldeia global – seria possível um grupo pequeno de indivíduos dedicados usar sua experiência e influência para ajudar a tratar de alguns dos problemas mais urgentes que o mundo enfrenta atualmente? Richard Branson e Peter Gabriel levaram sua ideia de um grupo de anciãos globais para Nelson Mandela, que concordou em apoiá-la. Com a ajuda de Graça Machel e Desmond Tutu, Mandela começou a buscar reunir estes Anciãos e lançou formalmente o grupo em Johanesburgo em julho de 2007. O website deles nos diz que o objetivo do grupo é oferecer uma voz independente, sem vínculo com o interesse de qualquer nação, governo ou instituição, e o compromisso de promover os interesses da humanidade e dos direitos humanos.

Os Anciãos são pessoas sábias, experientes a que os outros podem recorrer para aconselhamento. Vejamos o papel dos Anciãos nos negócios.

Anciãos trabalhando

Os Anciãos são um pequeno grupo de executivos mais seniores que atuam ao lado do CEO para que juntos cheguem a um acordo sobre o direcionamento estratégico da empresa. Os Anciãos incluem os chefes das unidades de maior porte do negócio, porque o sucesso ou o fracasso nestas partes grandes da empresa podem respaldar ou ameaçar a saúde financeira do todo. Pode haver líderes de funções-chave, sempre financeiras nem sempre recursos humanos. (Deixar o RH fora do time é algo intrigante. Uma organização é um conjunto de pessoas que buscam alcançar objetivos comuns. Por que excluir a pessoa responsável por assegurar que a organização tenha a quantidade suficiente de pessoas certas para atingir seus objetivos estratégicos?) Por fim, o grupo pode incluir alguns especialistas ou técnicos especializados que sejam parte da competência central do negócio. Por exemplo, segurança, nos setores de construção ou extrativismo. Ocasionalmente, o grupo irá cooptar membros por períodos curtos para temas específicos.

Os Anciãos tendem a se um mix rico dos herdados e importados, daqueles em que o CEO confia e quer recrutar assim como os que já estão na incumbência. O CEO também é um Ancião, mas ao considerarmos ele como um dos Anciãos, reconhecemos que o papel do CEO vai muito além. O time executivo dos Anciãos pode ter de 5 a 20 membros, dependendo do que se espera deles. Um time menor costuma ter um foco mais concentrado em formulação de estratégia e comunicação. Um time maior é mais difícil de administrar e tem menos probabilidade de se envolver intimamente na formulação de estratégias porque a meta de chegar a um acordo é mais difícil com 20 pessoas. Não é impossível, porém, mais desafiador.

Por que um CEO decidiria trabalhar com um time maior de conselheiros? As razões podem ser várias. Talvez o CEO queira manter potenciais influências disruptivas próximas e sob observação. Talvez facilite a comunicação por toda a organização se as chefias funcionais junto com os líderes das unidades de negócios debaterem e concluírem na sala juntos. Potencialmente, poderia ser para o CEO a oportunidade de observar todas as vozes e manter o olho nos talentos como parte do processo de planejamento sucessório. Poderia ser inclusive para manter o controle – o CEO pode agir como o déspota benevolente, porque as chances de todos se unirem contra ele são pequenas.

O que o CEO herda

Todo CEO novo lança um olhar crítico sobre o time executivo que herda. Pode haver sobreposição com a *expertise* do próprio CEO, ou lacunas nas competências ou habilidades necessárias para levar a organização adiante em comparação com o que era necessário no passado. Pode haver conflitos de personalidade com determinados membros. Mas o CEO não tem liberdade total para substituir Anciãos como bem entender; política, interesses especiais, chefes poderosos de unidades de negócio importantes e relacionamentos existentes todos limitam a capacidade de agir. Um CEO disse: "Mudei algumas pessoas-chave em meu time – baixas ajudam, mas você não pode dispensar todos e eles podem permanecer contanto que não prejudiquem".

"Baixas"? É um ato realmente simbólico. Dispensar Anciãos reforça o poder do CEO, mas também pode sinalizar mudança na organização – o membro dispensado pode representar uma parte do negócio que não será importante para a estratégia no futuro, ou que pode ser completamente removido da estratégia. E se este membro do time não era apreciado ou era visto de modo geral como um modelo fraco, então retirar essas pessoas trará um verdadeiro alívio para os empregados.

E "passageiros"? Todo mundo na organização reverencia o alto escalão, obviamente mais o CEO do que qualquer um outro, mas também os membros do time executivo. Eles são vistos como poderosos por direito além do poder que detêm porque trabalham tão perto do CEO e podem colocar ideias na cabeça dele. No entanto, alguns deles podem não ter poder nenhum, são meros passageiros, seguros em sua posição contanto que não interfiram ou estraguem alguma coisa. É realmente uma questão de pragmatismo e política. Pragmatismo porque o CEO precisa se concentrar em manter o formato do time generalizadamente certo, não exatamente perfeito – apenas assegurar que funcione bem o bastante. E política, porque esses são jogadores poderosos e mesmo que lhes falte ou tenham perdido seu talento, terão construído redes de contatos e relacionamentos dentro e fora da organização, o que pode tornar difícil que mudem.

O quanto pode ser desmanchado?

Um CEO contou a história sobre seu mandato. Só quando ele sentiu estar na companhia há um tempo longo o suficiente (com isso ele quis dizer oito anos no cargo) é que conseguiu formar o time executivo que queria sem interferências. É muito tempo para esperar! Anciãos corporativos são pessoas poderosas e ambiciosas, e eles nem sempre jogam limpo, mas são parte do tecido organizacional, e o CEO não pode desfazê-lo removendo fios demais da trama para não desmanchá-la por completo.

Então alguns Anciãos estão no time devido a sua *expertise*, outros por seu apoio incondicional ao CEO e outros ainda por sua habilidade de consertar coisas. Para serem eficientes, os Anciãos devem conseguir se unir. Eles devem ver o negócio como um todo, não apenas sua parte dele, e agir no melhor interesse da maioria. Devem deixar seus preconceitos, vieses e interesses especiais de lado e agir para o todo, para a soma das partes. Assim como numa aldeia tradicional, os Anciãos da Aldeia são críticos para explicar a estratégia aos outros membros da Aldeia e obter sua aceitação e seu senso de posse. Se os Anciãos não estão de acordo, não conseguem agir em prol do negócio como um todo e não se sentem comprometidos com a causa, não obterão o alinhamento dos Aldeãos, porque suas mensagens discordantes irão confundir. Mas se estiverem alinhados, então conseguirão conduzir a execução com eficiência.

Infelizmente, a forma como a organização desenvolve os Anciãos tem algumas diferenças importantes em relação a como Anciãos sábios evoluem nas comunidades. Eles têm em comum idade e experiência. Mas pode ser difícil para os Anciãos corporativos aprender como se preocupar com a comunidade como um todo. Vamos passar agora para nosso segundo tema e pensar em como os Anciãos se desenvolvem no trabalho e qual é o tamanho da transição que precisam fazer para desempenhar o papel de Ancião com graça e dignidade.

Gamificação da liderança

Os Anciãos enfrentam três desafios. O primeiro é a *gamificação*, ou ludificação, que é uma palavra feia para uma ideia importante. Ela descreve o uso da dinâmica de jogos para engajar usuários e resolver problemas. As técnicas de gamificação apelam para nosso desejo natural de competir através de tornar as recompensas por cumprir as tarefas visíveis para os outros jogadores, ou proporcionar uma lista ou diagrama de classificação, como forma de estimular os jogadores a competir. Infelizmente, a gamificação também pode ser usada para descrever apropriadamente os processos de desenvolvimento de talento e liderança em muitas empresas. E a forma como desenvolvemos nossos líderes – por meio de um torneio competitivo – os torna inaptos para as tarefas de chegar a consenso entre si ou de ajudar os outros a se responsabilizar por ideias.

Isso pode começar desta forma involuntariamente, mas com o tempo, a seleção, o desenvolvimento e o avanço dos líderes geralmente se assemelham a um tipo de torneio. Há boas razões para isso. Mas existem também consequências negativas.

A gamificação usa um processo de competição para estimular as pessoas a encontrar a melhor solução possível para um problema ou a criar um ótima ideia nova.[8] Infelizmente, o que funciona bem com coisas (solução de problemas) raramente funciona bem com pessoas (obter aceitação). A gamificação da liderança produz líderes inclinados a serem combativos e a competir, mas que na realidade precisam colaborar e se alinhar. Seu padrão é controlar e comandar em vez de consultar e influenciar.

Jogo rolando

Se examinarmos a matemática de alcançar o topo numa organização, fica imediatamente claro que apenas uma minúscula porcentagem dos empregados chega lá. A revista *Forbes* reportou que em abril de 2012 as 2 mil maiores empresas do mundo produziram 36 trilhões de dólares em receita e empregavam 83 milhões de pessoas, uma média de 41.500 pessoas cada.[9] Supondo-se um tamanho médio de 10 pessoas para o time executivo, isso significa que aos Anciãos da Aldeia representam 0,02% da população total. Como você vence uma corrida como esta? Competindo – sendo mais inteligente, rápido, dedicado ou esforçado que os colegas. É um modelo de promoção competitivo, e os vencedores são distinguidos dos perdedores em cinco critérios: julgamentos positivos sobre seu desempenho no trabalho; sucesso precoce na carreira; menos tempo passado em cada nível da hierarquia organizacional em comparação aos outros concorrentes; forte desempenho em outras competições e a velocidade com que o candidato avançou no passado (quanto mais rápido melhor). É descrito literalmente como um torneio, e conforme avançam na hierarquia, esses executivos aprendem que a competição funciona em fazê-los progredir.[10] Eles aprendem a competir para vencer individualmente mais do que aprendem a colaborar para vencer como uma organização. Individualidade em vez de coletividade, sistemas de recompensa frequentemente respaldam isso.

QI mais que QE

O segundo desafio que os Anciãos enfrentam é que são muito inteligentes. O QI médio dos executivos é de 125 ou mais, o que os coloca entre os 3% melhores da população.[11] As empresas, assim como as escolas, estimulam um forte foco no desenvolvimento máximo de nosso potencial intelectual. E os executivos de fato precisam ser mais inteligentes do que a média para ter a capacidade de processamento mental de filtrar uma sobrecarga de dados. Os executivos precisam ser capazes de processar dados rapidamente, separar o ruído das informações importantes e enxergar as tendências sublimiares que afetam seu negócio. Eles precisam ser bons em imaginar cenários futuros, identificar os efeitos mais prováveis e construir uma estratégias para avançar. Todas essas são empreitadas intelectuais. No entanto, é essencial que também saibam vender a estratégia, que a façam acontecer na prática. Isso requer um outro tipo de potencial. Exigem nosso QE – nossa inteligência emocional.[12]

Sob certo aspecto, QE diz respeito a empatia, porque convencer outras pessoas a se alinharem com você significa entender quais são as necessidades delas. Questões íntimas. Mas QE é mais do que empatia e *insight* social. Às vezes, é necessário um imenso autocontrole para trabalhar produtivamente com alguém que acrescenta muito valor, mas cuja abordagem e ideias podem ser muito diferentes das suas. Um CEO falou sobre caminhar e conversar com um colega, com um sorriso no rosto, mas com as mãos fechadas enfiadas dentro do bolso, porque ele estava tão nervoso com a forma como o colega estava abordando a situação. QE diz respeito tanto a autocontrole quanto a construir bons relacionamentos com os outros.

O QI nos ajuda a ver e analisar o quadro estratégico, a tomar decisões rapidamente e a entender melhor o negócio. Em nossa experiência isso é bastante aguçado nos executivos seniores, enquanto o QE frequentemente é subdesenvolvido e menos exercido.

Consolo na expertise

O topo de uma organização é um mundo de incertezas. A função dos Anciãos da Aldeia é assegurar a sobrevivência da organização no longo prazo, e isso significa tentar ler o futuro. O caminho pela frente é na melhor das hipóteses incógnito e o que se tenta é mapear uma rota de avanço para o desconhecido. A primeira vez que tentamos algo novo, não sabemos qual será o resultado. Experimentar permanecer à frente da concorrência é importante, mas também significa tomar decisões com informações incompletas. O que funcionou antes pode não funcionar de novo, portanto, muito de nosso tempo é gasto num território desconhecido conforme nos embrenhamos com novas ideias e pilotamos novas abordagens. Além disso, um executivo que construiu sua reputação com uma expertise em particular (manufatura, *branding*, produção, engenharia de sistemas, finanças, distribuição, recursos humanos) agora precisa entender como todas essas especialidades operam em uníssono para fazer a empresa funcionar. Não é suficiente permanecer um especialista. É por isso que o MBA é tão popular no mundo inteiro, porque ensina todas essas disciplinas e explica como elas interagem para criar um negócio.

Autocontrole

O terceiro desafio dos Anciãos em fazer um bom trabalho na liderança da execução de estratégias é aprender a influenciar, não a executar. Em qualquer transição, a tentação é continuar fazendo seu antigo trabalho. Estamos familiarizados com ele e provavelmente fomos promovidos porque éramos bons nisso. Portanto, é uma saída de emergência para as incertezas que enfrentamos em nosso novo trabalho, e uma oportunidade de manter nossa autoconfiança em alta, mergulhar de volta na zona de conforto do trabalho que costumávamos fazer.

Não vai funcionar. Interferir em seu antigo trabalho no marketing, quando a especificação da função do Ancião é liderança estratégica do negócio como um todo, é simplesmente inaceitável. É difícil para o Ancião se conter e guiar em vez de agir, e lembrar que são os membros da Aldeia que executam a estratégia.

Esta transição é a parte mais desafiadora porque o trabalho é muito estratégico e é difícil contemplar um trabalho que requer muita capacidade de tornar factível com todo aquele reconfortante "fazer" agora delegado a outra pessoa. E nem mesmo é uma delegação direta, porque o trabalho diz mais respeito a vender ideias. Nossa credibilidade de liderança está sendo testada. Conseguimos ou não convencê-los? Conseguimos conquistar o coração e a mente deles em vez de simplesmente dizer o que devem fazer?

Um conto diplomático

Sir Jeremy Greenstock foi um diplomata de carreira de 1969 a 2004. Ele serviu como diretor político em Londres de 1996 a 1998, como embaixador do Reino Unido para as Nações Unidas de 1998 a 2003 e como enviado especial do Reino Unido ao Iraque, baseado em Bagdá de 2003 a 2004. Atualmente, ele é presidente das Nações Unidas no Reino Unido e presidente da empresa de consultoria estratégica Gatehouse Advisory Partners Ltd.

Greenstock fala sobre o que aprendeu quando foi embaixador do Reino Unido para as Nações Unidas em Nova York:

> *O contexto era complexo e a ONU era um lugar muito atribulado. A Missão do Reino Unido estava envolvida em tudo, no entanto, havia apenas uma dúzia de nós lá. Tive de deixar os oficiais subalternos cuidarem da tática e das negociações em tudo o que foi possível sem supervisão, caso contrário teria limitado o que poderia ser alcançado. Deleguei ao máximo, aceitando a responsabilidade pelos erros. Como resultado, eles começaram a se desenvolver e continuaram a atuar ainda mais independentemente. Existe algo verdadeiramente gratificante em criar a capacidade de indivíduos competentes empregarem seu talento ao extremo o dia inteiro. É claro, isso exige confiança pessoal dos dois lados.*[13]

Alguns aspectos do trabalho, como ter poucos funcionários e muito a fazer, forçaram Greenstock a criar estratégias e permitir que os outros assumissem a ação. E é um bom equilíbrio; outra razão para isso ser desafiador. Dê muita margem de ação para as pessoas e elas podem se mostrar incompetentes e ter medo ou se sentir sobrecarregadas. Dê pouca liberdade a elas, e elas sentirão que estão sendo microgerenciadas e que terão pouca participação no resultado. As pessoas precisam ser instigadas mas não exageradamente. O primeiro passo é começar a abrir mão.

O ancião é singularmente desqualificado para o trabalho

Então aonde tudo isso nos leva? Resumindo, o próprio sistema de promoção que leva os executivos seniores ao topo torna-os singularmente desqualificados para o trabalho diferente que lhes é exigido quando estão lá. Tendo chegado a esta função por serem competitivos, mais inteligentes que a média e por terem entregue resultados confiavelmente, agora eles precisam colaborar para o bem da empresa como um todo e trabalhar com sua inteligência emocional para convencer pessoas igualmente inteligentes a executar a estratégia escolhida. Eles precisam ser capazes de enxergar e entender como a empresa funciona, pensar sobre como o sistema geral opera (não apenas uma parte especializada ou funcional do todo) e estimular a organização a se alinhar, colaborar e avançar junta. Essas não são competências que fizeram com que eles conseguissem o trabalho antes de tudo e é uma curva de aprendizagem acentuada.

Precisamos de Anciãos colaborativos, que entendam o medo que a mudança pode gerar e encorajem os outros a agir a despeito da incerteza, no entanto, não é assim que preparamos nossos líderes para o sucesso. A conclusão é que precisamos mudar a maneira como desenvolvemos e fazemos as pessoas crescerem para que não sejam apenas especialistas críveis, mas também líderes confiáveis quando chegarem à vertiginosa altura desta função dos 0,02%.

Líderes críveis e confiáveis

Precisamos desenvolver líderes que sejam críveis e confiáveis. A credibilidade reside na *expertise* de um líder em interpretar e orientar a solução de problemas complicados. É a habilidade de construir uma história lógica sobre por que faz sentido mudar as coisas. É uma habilidade rica e profunda. A confiabilidade é complementar, mas diferente. Confiabilidade significa que os outros veem as ações e os valores do líder como genuínos e baseados em princípios, e o líder como um guia digno e inspirador a ser seguido. A credibilidade é a certeza dos seguidores de que suas decisões são boas, de que você sabe o que está fazendo. Confiabilidade é a crença em seus valores que lhe confere o crédito para agir da forma certa. Um líder autêntico precisa de ambas. Líderes críveis podem falhar porque não conseguem construir convicção embora sua lógica seja inquestionável. Igualmente, e perigosamente, líderes confiáveis podem destruir organizações porque são persuasivos embora possam estar errados.

Os líderes precisam saber o que estão fazendo e também ser capazes de convencer. É uma transição difícil e nem sempre todos são bem-sucedidos. O que fazer?

A transição para Ancião é provavelmente a maior que existe – de especialista para generalista, de decisões baseadas em fatos para baseadas em julgamento, de certeza funcional para colaboração interfuncional e delegar aos outros em vez de fazer sozinho. Isso nos lembra do livro de Marshall Goldsmith, *What got you here won't get you there*[14]. (O que o trouxe até aqui não o levará até lá.)

Neste nível, é difícil distinguir entre uma transição fracassada e alguém que simplesmente entrou em conflito com a política. Yves Doz, um professor emérito da escola de administração INSEAD, descreve união na liderança como um aspecto da agilidade estratégica, significando a habilidade do time sênior de tomar decisões rapidamente sem que o processo seja prejudicado por disputas políticas. Política acontece. Empresas de recrutamento de executivos nem sempre têm a oportunidade de observar o time executivo antes de recomendar uma contratação externa, e às vezes o recém-chegado simplesmente não é adequado para o time existente.

Isso é mais visível quando o CEO fracassa em sua transição para a função. Um artigo publicado na *Harvard Business Review* em 2000 examinou a rotatividade dos CEOs, em que os CEOs indicados depois de 1985 tinham uma probabilidade três vezes maior de serem demitidos do que os indicados antes deste período.[15] Atribuímos esta rotatividade largamente à escolha de líderes que são bons tecnicamente, mas que não dispõem de competências de liderança "para tocar o coração humano". O Centro de Liderança Criativa também conduziu uma pesquisa sobre substituição; isto é, quando um executivo anteriormente bem-sucedido com um histórico de excelente desempenho é rebaixado ou despedido. Eles identificaram quatro causas principais, três pessoais (incapacidade de se adaptar, incapacidade de criar e liderar uma equipe e problemas de relacionamento interpessoal) e um corporativo (fracasso em atingir os objetivos da empresa).[16] É a mesma conclusão que a nossa – o fracasso tem mais relação com competências pessoais de liderança mal subdesenvolvidas que erros profissionais.

Portanto, todos os três aspectos dessa transição para o time executivo dos Anciãos – colaboração (em vez de competição), QE (tocar o coração humano e relacionamento interpessoal) e autonomia (criar e liderar equipes) – são críticos.

Anciãos que se comportam mal devem sair

Muitos dos CEOs que entrevistamos tinham histórias sobre problemas que enfrentaram com seus times executivos ou com alguns dos membros do time. Anteriormente, ouvimos Irene Dorner, a presidente e CEO do HSBC EUA, quando nos contou sobre sua crença de que não entender a estratégia é uma falha. Ela complementa: "Não conhecer a estratégia é uma falha grave. Eu tenho tolerância zero – se prejudicarem, precisarão sair".

Esta citação é uma ilustração viva da pesquisa feita na década de 1990 sobre a importância do senso completo de posse da estratégia por parte do time sênior.[17] O CEO não pode transformar uma organização sozinho, precisa do suporte de uma "coalizão guia" – um grupo forte de pares no time executivo. Se um desses executivos, com autoridade considerável, prejudica a estratégia, então ele precisa sair. É uma falha grave. Se o executivo não enxerga os mesmos desafios e oportunidades que os colegas, então as mensagens comunicadas por este time mais sênior se tornam confusas. É extremamente perigoso tolerar dissensão entre os Anciãos. Debate, naturalmente. Mas uma vez que se chegou a um acordo e a estratégia foi anunciada, o tempo de debater passou. Continuar debatendo neste estágio é tarde demais e se transforma em desacordo e inclusive em subversão daquilo que está se tentando alcançar. Como Dorner diz, a única política é aquela da tolerância zero.

A discordância nem sempre é evidente. Como você identifica quando alguém só se manifesta a favor da estratégia mas não a apoia de verdade? É a lei dos desfechos involuntários; quando alguém não avança conforme planejado, siga os detalhes e você encontrará a raiz da causa. Dorner novamente: "Meu gato de repente começou a se comportar de maneira estranha aos 6 anos; pedindo comida e tentando assaltar a geladeira. Descobri que meu enteado estava alimentando o gato, por isso esta mudança de comportamento. O mesmo ocorre quando alguém não segue ou subverte ativamente a estratégia; siga os detalhes e você descobrirá por quê". Portanto, precisamos ficar atentos e buscar ações, decisões e atividades fora do esperado. São pistas de que algo está fora de ordem. Então precisamos continuar examinando até encontrar a causa.

Ou você consegue fazer com que cruzem a linha divisória?

Jeremy Pelczer, presidente da WaterAid, anteriormente foi presidente e CEO da American Water de setembro de 2003 a dezembro de 2005. Seu time executivo de 10 pessoas liderava uma Aldeia de 80 (de um total de 8 mil empregados) quando era CEO. Durante seu mandato, ele implementou uma nova estratégia, incluindo um programa de mudança de cultura para abraçar mudanças e adotar uma linguagem de negócios mais dinâmica. Pelczer sabia que primeiro precisava convencer seus 10 Anciãos da Aldeia: "Promovi reuniões com meu time executivo de 10 com um facilitador profissional para me ajudar a lidar com problemas individuais e cruzar a linha divisória. O facilitador foi consistente e desafiador, usando uma linguagem direta sobre a necessidade de alinhamento. Ele dizia coisas como, 'Gente, levantem seus periscópios, vocês precisam enxergar o conjunto'. Não havia como lançar a estratégia até que estivéssemos totalmente alinhados".[18]

A mensagem de Pelczer é clara. Trabalhe com os membros do time executivo para lhes dar a oportunidade de vencer sua falha fatal antes de pedir que eles saiam. Não espere que todos os membros de seu time executivo aceitarão imediatamente ou ao mesmo tempo as mudanças. Alguns precisarão ser convencidos ou, conforme Pelczer coloca, "fazer com que cruzem a linha divisória". Mais importante, somente quando a maioria do time sênior está em acordo e em sintonia com a política é que se pode começar o processo de mudança com segurança. Não lance antes que os Anciãos estejam unidos, caso contrário, a discordância se disseminará para o resto da organização.

Continue pensando à frente

Após o lançamento da estratégia na American Water, a tarefa do time executivo se tornou avaliar o processo. Pelczer acrescenta: "Era importante reservar um tempo específico no dia de avaliação de desempenho da empresa para focar em estratégia, ou a reunião inteira teria sido dedicada a operações. As avaliações incluíam o processo de persuasão". Mais uma vez, um conselho claro. Foque na avaliação do progresso em relação a concretizar a estratégia. Não se distraia pela eterna tentação de manter a conversa voltada para táticas ou de se intrometer na execução. Certifique-

-se de que não está se desviando da meta maior e de amplo alcance. Mais do que isso, além de prestar atenção nos resultados da empresa, avalie se a aceitação por parte dos empregados está crescendo e se disseminando. Eis o eco do conselho de Levin mencionado anteriormente, de sua pesquisa com os funcionários. Você está verificando se seus líderes de execução estão motivados e engajados e inspirando os outros.

Um bom time executivo permanece focado na sobrevivência de longo prazo da companhia. Seu trabalho é pensar à frente junto com o CEO, de forma que os membros do time farão sugestões ou tomarão decisões que podem não parecer ideias no curto prazo, mas agregarão valor no longo prazo. O alinhamento entre os Anciãos é importante porque eles precisam ser consistentes na defesa de decisões que podem ser contestadas porque fazem menos sentido para os outros que não possuem a visão que eles têm de seu "helicóptero". Um bom time também proporciona liderança em pensamento e desafios. Os membros são críticos para a execução, porque se não conseguem chegar a um acordo sobre o que precisa ser feito para a sobrevivência de longo prazo da companhia e se discordam e atuam segundo uma linha funcional ou de unidade de negócio, então esta dissensão será exacerbada e exagerada pelos próprios membros da Aldeia. Se os chefes estão brigando, também precisaremos brigar um nível abaixo. Se os Anciãos estão alinhados, mas falham em comunicar com eficiência, os escalões de empregados abaixo deles continuarão desorganizados e confusos. É crítico para a execução da estratégia ter as pessoas corretas no time executivo, agindo da forma certa.

Esta pequena camada executiva pode capacitar ou incapacitar os outros a agir e executar. Portanto, precisamos tê-los a bordo da estratégia e depois fazer com que eles se concentrem em convencer os outros. Eles precisam estar à altura de seu título de Ancião. Eles precisam ser sábios.

Vamos passar agora para o terceiro tema do capítulo e examinar como ajudá-los, passo a passo.

Desenvolvendo anciãos sábios

Os Anciãos da Aldeia não são um time. Na verdade, o "time principal" é um termo incorreto. Não é de maneira alguma um time. Isso pode parecer uma afirmação estranha, mas não é. Pense nisso como uma simples observação baseada em anos de experiência trabalhando com executivos seniores. Times podem trazer grandes vantagens para uma empresa quando os membros trabalham bem juntos e, em geral, tomam decisões melhores do que cada um dos membros individualmente.[19] O desenvolvimento de um time é uma atividade recompensadora e poderosa. Ajuda a esclarecer papéis, responsabilidades e responsabilização; estimula a colaboração; defende o foco num objetivo comum. A construção de times é algo que a organização busca em todos seus níveis, e times com alto desempenho são o prêmio que todos almejamos.

Quando um time não é um time?

Embora estejamos sempre falando ou nos referindo ao time principal, os Anciãos da Aldeia não são um time no sentido usual da palavra. Isso porque os Anciãos são os jogadores mais poderosos na empresa. Cada um deles poderia, ou pensa que poderia, assumir o lugar do CEO. O modelo de torneio significa que, embora trabalhem juntos, os Anciãos estão nas rodadas finais da competição pelo prêmio máximo – o posto principal. É por isso que, quando um deles chega ao posto do CEO, o mais provável é que os maiores competidores partirão para encontrar o posto principal em outro lugar. Eles perderam este torneio, então passam para outro. Pense sobre o que aconteceu quando Andrew Mackenzie perdeu para Tom Albanese o posto de CEO na Rio Tinto em 2007. Mackenzie deixou a empresa para se juntar à rival BHP Billiton, onde se tornou CEO em maio de 2013. Em contraste à abertura e transparência que caracteriza a construção de times, estão as conspirações, coalizões e acordos bilaterais no topo. Deve existir respeito mútuo e colaboração para que as coisas funcionem. Pode haver a indisposição ou o excesso de disposição para o confronto. Pode se tornar extremo. Trabalhamos com um time executivo em que dois membros tinham uma animosidade de longa data, ao ponto de se recusarem a estar na mesma sala juntos. Desequilíbrios de poder podem levar alguns Anciãos a se calarem quando deveriam falar ou, às vezes, a não parar de falar.

Conseguir respeito mútuo entre os membros do time executivo deve ser contabilizado como sucesso, no entanto, pouco trabalho em grupo é o que de fato pode ocorrer. Se há respeito na sala, ao menos haverá debate e colaboração. Todos trarão sua *expertise* para a solução de problemas e deixarão a sala com um verdadeiro consenso sobre direcionamento e ações de suporte, mesmo que os conflitos e as negociações para se alcançar isso tenham sido turbulentas.

Círculo virtuoso

Se não conseguirmos um bom relacionamento entre os Anciãos da Aldeia, a estratégia da companhia nunca será executada. Em vez disso, ficaremos assistindo brigas internas e politicagem no topo – um espetáculo nada agradável quando a sobrevivência de longo prazo da empresa está em jogo. Como podemos desenvolver um grupo de colegas que conseguem trabalhar eficientemente juntos, conseguem estar de acordo e permanecer alinhados, ao menos publicamente, sobre o que precisa ser feito? Como podemos reunir os Anciãos? Diz respeito a ser claro sobre a estratégia, chegar a um consenso quanto a objetivos da empresa associados à estratégia, travar as conversas desafiadoras necessárias para chegar ao consenso e instilar procedimentos de boa governança. Estamos tentando criar um ciclo virtuoso de Aldeãos leais e confiantes capazes de seguir os Anciãos de forma que por sua vez torne os Anciãos líderes melhores.

Primeiro, vamos pensar sobre a liderança diferente que os Anciãos devem demonstrar, com base no tipo de estratégia que estejam perseguindo.

Seja claro sobre o tipo de estratégia

David Levin, CEO da UBM, diz que é uma boa ideia começar a execução tornando claro que tipo de estratégia se está perseguindo. Ele proporciona uma visão renovada sobre estratégia usando saúde como analogia e a distingue entre doenças crônicas e bem-estar crônico, cada qual com desafios próprios.

Doenças crônicas são difíceis de lidar. Ocorrem quando uma linha de negócio está em declínio lento mas contínuo, como o negócio de publicações impressas ou revistas. Segundo Levin: "Administrar uma retirada é realmente a coisa mais difícil nos negócios – como você transmite a mensagem e faz as pessoas se moverem mais e mais rápido?"[20]

É um desafio manter o alto astral e a motivação num grupo de pessoas que estão essencialmente presenciando sua própria demissão. Qual é o incentivo delas para agilizar o fim? Levin recomenda transparência, honestidade total e uma linguagem comum relativa ao que deve ser feito. O truque é manter-se focado numa meta de negócios, embora seja um eventual encerramento. Não finja que está tudo bem, porque as pessoas são inteligentes e entendem a verdade e esperam ser tratadas como adultos em quem se pode confiar. Ao mesmo tempo, não deixe que o desalento e o desespero se instalem. O fim de um negócio, quando conduzido apropriadamente, pode ainda trazer bons retornos financeiros ao longo do caminho para o encerramento. Além disso, o fim de um negócio não significa necessariamente o fim das pessoas, se os recursos puderem ser alocados para as partes mais bem-sucedidas da empresa.

Estranhamente, o bem-estar crônico também traz problemas. Nesta situação, a empresa está crescendo, portanto todos deveriam estar felizes e o investimento deveria fluir em direção a estas estrelas de alto desempenho.[21] O conselho de Levin aqui é: "Arrogância, insolência e pensamento confortável de grupo são riscos clássicos. Você deve assegurar a diversidade, para impedir que as pessoas se sintam muito confortáveis e se tornem muito previsíveis ao explorar uma oportunidade". O desafio é quase o oposto daquele da doença crônica, no sentido que o astral e a motivação podem estar tão altos que um excesso de otimismo nos leva para a estrada ardilosa do excesso e do investimento exagerado. Portanto, as mensagens do time executivo precisam ser bastante diferentes. Diz respeito a bom senso e prudência.

Levin acrescenta uma terceira opção, continuando com o tema médico, de natureza mais aguda – cirurgia. Neste caso, algumas partes precisam ser transplantadas ou removidas, então entramos no mundo das fusões e aquisições e alienações, para manter o portfólio apropriado. A tarefa de integrar uma nova aquisição, ou o trabalho de preparar uma parte do negócio para uma venda lucrativa, é diferente de uma doença ou do bem-estar crônicos.

Não pudemos resistir a deixar de incluir uma quarta categoria às três de Levin.[22] É o trauma, outra versão de doença aguda, mas menos previsível e mais extrema. É um desastre inesperado, como, por exemplo, o recall do Tylenol feito pela Johnson & Johnson em 1982 depois que algumas embalagens foram violadas e contaminadas com cianureto de potássio causando a morte de sete pessoas. O derramamento de óleo em

2010 na plataforma Deepwater Horizon no Golfo do México na reserva Marcondo Prospect operada pela British Petroleum é mais um exemplo. A plataforma semissubmersível explodiu e afundou, tirando 11 vidas. O poço continuou a jorrar por 87 dias antes de ser estancado, levando ao maior derramamento marinho na história do setor. Processos criminais e civis custaram à BP mais de 40 bilhões de dólares até o início de 2013. Por mais vigilante que seja a liderança, às vezes acidentes terríveis acontecem, e são grandes o bastante para representar uma ameaça à saúde do negócio como um todo. Sob essas circunstâncias, os líderes precisam agir rapidamente sem entrar em pânico.

Os quatro tipos de estratégia possuem quatro estilos correspondentes de liderança. Doenças crônicas precisam de transparência, honestidade, metas claras e compaixão; bem-estar crônico precisa eliminar o excesso de entusiasmo do sistema e se manter consistente; cirurgia precisa de competências fortes de relacionamento para integrar compras e vender unidades, e trauma precisa de reações rápidas, mas calmas.

Este não é um livro sobre estratégia, e o objetivo não é acrescentar um novo modelo de estratégia às dezenas que já existem no mercado. Independentemente do modelo de estratégia que estivermos seguindo, a mensagem é a mesma. Ao reunir os Anciãos, precisamos ser claros sobre o tipo de estratégia que estamos perseguindo para que saibamos que tipo de desempenho devemos esperar deles. Grandes organizações geralmente perseguem uma combinação de estratégias, portanto o time executivo deve ser versátil. Seus membros devem ser capazes de transmitir diferentes mensagens e oferecer abordagens diferentes de liderança para partes distintas do negócio conforme exortam estratégias diversas.

Precisamos que os Anciãos concordem com a estratégia e em como persegui-la. Isso é possível?

Consenso

Há uma tirinha criada pelo cartunista três vezes vencedor do Prêmio Pulitzer Jeff MacNelly que inclui uma figura e uma descrição de consenso bastante precisa: uma criatura tímida, frequentemente procurada, mas raramente encontrada.[23] O problema é que o mundo é um lugar complexo para as pessoas navegarem. As organizações são grandes; na verdade algumas são imensas. O Departamento de Defesa dos Estados Unidos, por exemplo, emprega mais de 3 milhões de pessoas, a rede varejista multinacional Walmart e o Exército de Libertação Popular da China empregam mais de 2 milhões de pessoas. O Serviço Nacional de Saúde inglês e o McDonald's (a maior empresa do setor privado) ambos chegam a quase 2 milhões de empregados.[24] Grandes organizações são carregadas de política e complexidades. Mesmo quando não estamos no trabalho, somos bombardeados com uma constante cacofonia de ruídos – novos relatórios, e-mails, tuites, blogs e contatos por outras mídias sociais 24 horas por dia. E em meio a tudo isso, do que mais precisamos é a habilidade de filtrar todo esse ruído e dar sentido a ele. Portanto, o consenso pode ser uma criatura rara, mas precisamos que os Anciãos a cacem. E como sugeriu Martin Luther King, em meio a tudo isso o CEO terá que ajudar a domá-la.

E cercados por esse ruído e complexidade, queremos que os membros de nosso time executivo sejam muito claros sobre o que estão nos pedindo para fazer. Se não são claros conosco, é muito difícil encontrar coisas para fazer. Atividade não é um problema. Sempre existe mais na lista de afazeres do que pode ser feito. O problema é determinar no que deveríamos estar focando nosso esforço. Devemos focar no negócio – no que nossa empresa realmente precisa para prosperar – não em ocupação. O que "ocupação" significa? Significa que as pessoas estarão dispersas. Elas estarão tentando se proteger de possíveis prejuízos e trabalhando demais. Ao tentar fazer demais, o verdadeiro perigo é não alcançar nada. Portanto, estamos exigindo que nosso time executivo esteja alinhado em torno de atividades críticas que levarão a empresa adiante.

Os Anciãos da Aldeia devem concordar em priorizar os cinco principais itens estratégicos os quais acreditam que devem alcançar. Estratégia é essencialmente uma combinação de escolher um dentre cenários futuros e então decidir sobre as principais atividades necessárias para alcançar o cenário preferido. Diz respeito a definir algumas metas importantes para criar o futuro que você decidiu que deseja. Se falharmos em priorizar ou se nos comprometermos e concordarmos em fazer demais, o resultado será confusão e ocupação na organização. Se a conversa sobre estratégia com o time executivo não for objetiva, pagaremos por isso com energia desperdiçada e falta de execução.

Uma batalha por foco

Falamos antes de Jeremy Pelczer, ex-presidente e CEO da American Water e agora presidente da WaterAid. Ele explica a batalha por foco da seguinte forma: "O CEO precisa de energia e presença para obter um acordo sobre as prioridades; as batalhas que devem ser vencidas. É uma luta sangrenta conseguir obter um consenso sobre elas. Se tudo é prioridade, então nada é".[25] Pelczer está argumentando sobre foco absoluto em um certo numero de prioridades estratégicas.

O mesmo ocorreu na IBM quando Lou Gerstner ingressou como CEO em 1993. Em 1990, a IBM era a segunda companhia mais lucrativa do mundo. Então, entre 1991 e 1993, registrou um prejuízo de quase 16 bilhões de dólares, e suas ações despencaram. Tony O'Driscoll era o arquiteto do desempenho na IBM em 2007. Em seu papel, ele conduziu o desenvolvimento de técnicas de análise de desempenho revolucionárias para incrementar as vendas e o desempenho. Ele relembra de seu tempo na empresa: "Ainda hoje me recordo de três coisas em que Lou nos pediu para focar, sem ter anotações a minha frente. Ele disse que precisávamos destravar o conhecimento no cérebro de nosso pessoal; mudar nossa mentalidade para computar, não para computadores e tínhamos que ir ao mercado como uma IBM única. Muito foi escrito sobre isso na imprensa, mas essas três ideias embasaram a transformação como um todo. Posso lhe afirmar, eu estava lá e Armonk ficou com as pernas bambas naquele dia".[26] Gerstner acreditava que o modelo de negócio devia mudar – de vender computadores para aconselhar sobre computação e vender pacotes que incluíssem outros produtos além do hardware da IBM.[27] Foi o momento precursor da mudança da IBM para o negócio de serviços. Detalhes técnicos à parte, aqui estão três imperativos estratégicos que guiaram a execução ao longo de seu mandato. Simples, claro e direto o suficiente para ser lembrado sem anotações 20 anos mais tarde. Foi assim que Gerstner fez uma reviravolta na IBM.

Se pedimos para as pessoas focarem em mais de umas poucas atividades estratégicas, o resultado será um excesso de ocupação desordenada. E não conseguimos simplificar, acabaremos com uma proliferação de iniciativas e tentando fazer demais. Quando maior nossa disseminação e abrangência, mais oportunidades damos a pessoas que não querem participar, a oportunidade de criticar. Conversas confusas produzem aceitação superficial, mas levam a consequências desastrosas na execução, porque pessoas diferentes acharão que se comprometeram com coisas diferentes. Discordâncias entre os poucos do topo, seja fundamental ou imaginária, irão matar sua capacidade de execução. Precisamos de uma voz única.

Os Anciãos devem estar alinhados. Eles não têm escolha; é a função deles. Os objetivos devem ser simples, poucos e apresentados com convicção. Se houver fissuras entre os Anciãos, elas se tornarão precipícios quando chegarem à Aldeia e os Aldeãos estarão gritando uns com os outros ao longo dessas fendas. Eles mal conseguirão se ouvir, e certamente não chegarão a um acordo sobre como criar pontes para superar as diferenças. Não espere que criar consenso seja fácil. O papel do CEO aqui é crítico em pressionar e induzir até que um acordo seja alcançado.

Independentemente de sua capacidade, do quanto eles possam agregar ou deixar de agregar à conversa estratégica, existe uma qualificação que os Anciãos devem ter. Devem apoiar o CEO com palavras e ações quanto à estratégia escolhida. Eles podem não chegar a um verdadeiro consenso durante o debate a portas fechadas na sessão de planejamento estratégico – talvez haja alguma negociação e conciliações – mas o resto do mundo deve ver consenso por parte deles.

Um verdadeiro acordo é mais que um conjunto de "palavras formais" que mantém todos do mesmo lado. Significa um senso forte do futuro, uma determinação de recusar conciliações e buscar sinergia. Para alcançar este consenso, talvez seja preciso algumas conversas duras.

Concordar em discordar

Se os Anciãos disputam poder e atenção, se competem por recursos em vez de pensar sobre o que é melhor para a companhia como um todo, então o que parece um debate estratégico bom e consciencioso pode, na realidade, ser a expressão de interesses partidários destinados a ganhar mais recursos do que os colegas. Um Ancião pode esperar, em algum momento, estar em desacordo com algum colega Ancião. Isso é bom. O time executivo que entra em acordo muito facilmente costuma ter pouca imaginação, ou pouca vontade e determinação para tomar uma decisão mais difícil porém melhor, ou pouco interesse no debate. Os membros do time se tornam uma conspiração e conluio com a mediocridade. O que precisamos é de um processo que permita nos engajarmos num debate acirrado e mesmo assim continuar trabalhando produtivamente juntos uma vez que uma decisão seja alcançada.

É hora de o time todo confrontar questões desafiadoras. Existem muitas expressões para isso ao redor do mundo. Os indianos falam do elefante na sala, os canadenses preferem o alce na mesa e os australianos se preocupam com o coala na cadeira. São todas metáforas para a mesma coisa – a incapacidade de conversar sobre o que realmente importa ou a tendência de evitar dar atenção a assuntos importantes. Todos sabem que há um elefante na sala, mas andamos na ponta dos pés em volta dele, com medo de acordá-lo. Um debate verdadeiro é essencial para a capacidade do time executivo de criar uma estratégia viável e, mais importante ainda, comprometer-se com sua execução. O objetivo do debate autêntico é discutir até que todos acreditem na solução e estejam sincera e entusiasticamente comprometidos com ela. Se as pessoas fingem aceitar ou aderir só para tornar a vida mais fácil, então mais adiante eles a cumprirão (farei o que mandarem contanto que você me observe atentamente) ou subverterão a decisão (vou fingir que apoio, mas vou sabotar tudo o que puder, sempre que puder).[28]

Blefando

Por que as pessoas fingem concordar, em vez de falar o que pensam? Por que apoiam uma decisão, mas na realidade irão cumprir com má vontade ou até mesmo sabotar secretamente o que a princípio era uma decisão do grupo? Estamos falando sobre profissionais sérios no topo ou praticamente lá que recebem grandes somas de dinheiro para conduzir a organização para frente com segurança. Por que não se manifestam numa conversa adulta?

Existem muitas razões. Talvez o fim do torneio esteja próximo, e portanto, a chance de ganhar ou perder o título de CEO seja crítica. Eles podem se manter calados para conquistar o voto popular. Ou pode não parecer seguro declarar sua opinião sincera. Quando a política reina, você entra no jogo e quer vencer. Às vezes, eles simplesmente têm medo. Existem egos fortes em todos os níveis de uma organização e estão sob grande pressão no topo. Existe uma hierarquia tácita no comitê executivo entre um grupo de supostos pares. Sempre vale a pena perguntar "O que o silêncio significa?". Quando alguém não fala, é porque concorda, mas não sente necessidade de dizer isso? O que mais pode estar acontecendo?

Precisamos de um processo para legitimar o desafio.

Bandeira vermelha

A sala de reuniões era forrada de lambris. De um lado da sala, havia miniaturas de bandeiras do mundo, representando as localidades físicas da empresa. Quando entrou na sala, um executivo pegou uma das bandeiras dos países e, sem dizer uma palavra, colocou a sua frente na mesa. Um colega perguntou para que era a bandeira. Ele respondeu: "Em algum momento desta reunião vou dizer algo que vocês não vão querer ouvir. Antes de eu falar, vou levantar a bandeira para que vocês se preparem para o que vem a seguir". Ele inteligentemente preparou as pessoas na sala para o debate e ao mesmo tempo despersonalizou a situação. Todos olharam para a bandeira, não para ele. Certamente, em determinado ponto da reunião ele cumpriu sua promessa e agitou a bandeira antes de tocar num assunto contencioso. Ao final da reunião, três outros atravessaram a sala e pegaram uma bandeira antes de falar. À época da reunião seguinte, isso já havia sido aceito como a regra.

A bandeira deles era de países, mas vamos pensar nela como uma bandeira vermelha.[29]

Uma bandeira vermelha é comumente usada ao redor do mundo, nas forças armadas, nas remessas, nas ferrovias para denotar "cuidado, perigo, atenção". Sendo um símbolo internacional, seu significado deve ser reconhecido por toda parte. Quando uma estratégia é debatida, há vários assuntos sérios em jogo, importantes para a sobrevivência futura e a prosperidade da organização, portanto os ânimos podem esquentar. O modelo de torneio leva naturalmente a um desejo de vencer e, ao menos que seja monitorado, às vezes, o debate vira pessoal. O truque é eliminar a ameaça da confrontação focando no assunto, não na pessoa. A bandeira vermelha é uma maneira de sinalizar o que está por vir e de manter o debate focado no tema. Escolha o símbolo que desejar para possibilitar conversas tensas. E mantenha a conversa cordial. Eis um indicador simples. As pessoas fazem piada e riem em alguns momentos, assim como se envolvem em desafiar construtivamente os outros? Isso torna o ambiente melhor, menos tenso e mais prazeroso. Não estamos aconselhando o humor como uma tática para evitar disputas ou como um meio camuflado de ataque, mas como um verdadeiro entrosamento e conexão entre colegas.

Não envolva política
A política é uma parte natural da vida, conforme os seres humanos se envolvem em situações e relacionamentos complexos. Em sua forma mais sutil, uma divulgação parcial de fatos ou pedir a um amigo para cochichar no ouvido de outro amigo é apenas um lubrificante social – uma maneira de fazer o mundo avançar sem muitos inconvenientes. Em sua forma mais letal, é Política com P maiúsculo, o que sugere manipulação e truques sujos. Conhecemos um ex-CEO que foi removido do posto com sucesso, três anos antes do tempo e muito cedo no processo de planejamento de sucessão, por um sucessor em potencial. Isso é Política – um indivíduo lutando em causa própria, com o bem para a organização como um todo vindo num longínquo segundo lugar. (A propósito, embora a manobra tenha sido bem-sucedida em remover o CEO, o tiro saiu pela culatra para o perpetrador, que foi eliminado da lista sucessória imediatamente. Mas ele não foi eliminado da companhia. Era muito poderoso e um operador muito bom).

Como podemos identificar e lidar com a Política? Irene Dorner do HSBC nos proporcionou a Lei das Consequências Não Intencionais, que é um bom ponto de partida: procure pessoas que prometem se adequar, mas que parecem estar levando uma eternidade para isso. Preste também atenção a eventos e efeitos inesperados. Um CEO relembra do momento em que identificou Política. Tornou-se cada vez mais claro que um colega estava travando conversas diferentes daquelas que ele alegava. Ele continuava fazendo contato com a velha guarda e com outras partes interessadas fora da companhia. Seu *networking* político tinha o objetivo de semear a dúvida entre os líderes recém-recrutados e aqueles que continuavam indecisos. Ele estava tentando construir uma rede de aliados para confundir as evidências e implicar os outros nos erros do passado. Ele tinha de sair". A Lei de Tolerância Zero de Dorner.

A influência política sempre afeta resultados organizacionais, da mesma maneira que uma bactéria ajuda a desenvolver um sistema imunológico saudável. Se mantida em equilíbrio, a política viverá dentro da organização como um lubrificante social e será controlada por uma boa disciplina e um bom comportamento. O verdadeiro problema ocorre quando o comportamento político evolui para um nível em que começa a infectar os sistemas e as pessoas dentro deles. Neste caso, você precisa se livrar da fonte de infecção.

E em que pé se encontram nossos Anciãos? O tipo de estratégia está claro, seja uma doença ou um bem-estar crônicos, e com o estilo de liderança adequado à situação. Debatemos o bastante para chegar a um consenso sobre três a cinco objetivos estratégicos principais sem interesses Políticos ocultos. A esta altura, achamos que nossos Anciãos já são sábios.

A última peça do quebra-cabeça é assegurar que esse arranjo é robusto e não depende das personalidades atualmente presentes na sala. Além de Anciãos sábios, precisamos de procedimentos de boa governança para que a sabedoria perdure.

Boa governança

O time executivo conduz a governança e a conformidade: toda organização deve operar segundo as leis. Governança é um tópico importante. O que é exatamente? Sob um aspecto é a conformidade legal e um código de ética saudável. Mas também é o ritmo em que as coisas são feitas diariamente. Existem diversas diretrizes corporativas sobre os aspectos legais e filosóficos da governança. Aqui sugerimos algumas rotinas organizacionais e práticas diárias simples, boas e funcionais. Uma boa governança é o estímulo por trás da execução.

Toda organização realiza inúmeras reuniões, e algumas importantes ocorrem regularmente, como reuniões do time executivo ou reuniões do time funcional. Por que não realizar reuniões importantes do time administrativo para tomada de decisões no mesmo dia de cada mês? Desta maneira, as pessoas podem passar de uma reunião para próxima sem perder o foco ou esquecer informações. Se você é um jogador importante em muitos times, será um dia longo; por exemplo, começar pela reunião do time executivo, depois passar para uma reunião funcional, depois para uma reunião sobre comunicação e assim por diante. A vantagem é que as reuniões devem levar menos tempo do que costumam. Quando reuniões consecutivas são realizadas no mesmo dia, conseguimos lembrar das informações que acabamos de ouvir e que agora precisam ser transmitidas na próxima reunião, em vez de ter de lembrar do que foi dito numa reunião dias ou semanas antes. Conforme as reuniões seguem em cascata ao longo do dia, algumas informações podem ser registradas num documento, sem a necessidade de serem lidas ou apresentadas novamente, porque todos já as terão ouvido de alguma forma em uma reunião anterior. O processo alternativo, de reuniões espalhadas ao longo do mês, significa que informações críticas devem ser relembradas ou recontadas várias vezes. Quando pensamos sobre isso, é uma verdadeira perda de tempo. E também mais um esforço a ser monitorado.

Marque na agenda

Programe reuniões importantes com 12 meses de antecedência e atenha-se à agenda. Se as reuniões forem agendadas com pouca antecedência ou se as datas mudarem constantemente, as pessoas não vão levá-las a sério – porque se fossem importantes, seriam imutáveis no calendário. Além disso, se as datas são modificadas constantemente, é improvável que os principais executivos consigam mudar suas agendas em tão pouco tempo para se adequarem à nova data e, portanto, enviarão substitutos em seu lugar. Os substitutos podem não ter autoridade de decisão plena e isso levará ao retrabalho, visto que os mesmo itens deverão ser recolocados na pauta para uma decisão final em outra reunião. Mais uma vez, uma perda de tempo.

A terceira delas é assegurar que todos saibam quem é responsável pelo que, esclarecer os papéis e implementar um processo de escalonamento. Se algo não pôde ser decidido ou resolvido, então deve ficar muito claro para onde o problema complicado deve ir para ser resolvido. Muitas decisões tornam-se difíceis simplesmente porque elas rodam a organização esperando que se encontre a pessoa certa com autoridade para decidir. Às vezes, a espera pode ser longa.

A última rotina fundamental da governança é aderir a boas regras de reunião. Ler documentos importantes de antemão (a menos que você trabalhe para a Amazon, veja a história no próximo parágrafo.) e ir preparado. A função da reunião é levantar problemas, tomar decisões, instituir ações e monitorá-las – e não trocar informações que podem ser lidas com antecedência. As pessoas participarão com mais vontade e prazer se estiverem bem informadas. E procure acabar com o hábito terrível de que as reuniões devem durar exatamente uma hora. A maioria das organizações já faz reuniões em excesso, e terminar a reunião das 10 horas da manhã às 11 horas e chegar simultaneamente na próxima reunião que começa às 11 horas é fisicamente impossível, a menos que você seja Hermione Granger.[30] O que há de errado em reuniões de 45 minutos?

Lou Gerstner mudou a forma como as reuniões eram conduzidas na IBM. Quando ele tornou-se CEO em 1993, fez duas coisas inesperadas. A primeira foi participar de todos os três dias de uma conferência de consumidores, em vez de fazer uma breve aparição – sinalizando assim para o pessoal da IBM a importância dos clientes. A segunda foi um memorando interno dizendo que ele não queria mais apresentações longas em PowerPoint nas reuniões. Em vez disso ele queria duas cartas; a primeira sobre o negócio e sobre como ele estava sendo conduzido e a segunda sobre recomendações para crescimento futuro. Antes de Gerstner, a expectativa era passar o dia anterior à reunião refinando os slides do PowerPoint para promover as ideias na reunião. Este edital de Gerstner economizou muito tempo de refinamento e mudou a conversa na reunião de promoção para debate e decisões. Jeff Bezos, fundador e CEO da Amazon, faz algo muito semelhante. Sua política é de que aqueles que marcam uma reunião devem fornecer um resumo de três páginas sobre o objetivo da reunião e o conteúdo para discussão. Numa reunião de uma hora, passa-se 20 minutos lendo as anotações e depois 40 minutos debatendo a decisão.

Como disse Mark Twain, "Geralmente levo mais de três semanas para um bom discurso de improviso". Para conseguir colocar ideias complexas no papel que podem ser lidas em 20 minutos é preciso disciplina e reflexão.

Estamos quase no fim da jornada para a sabedoria. Nosso Anciãos agora são capazes de debater autenticamente e chegar a um acordo sobre objetivos estratégicos para guiar a Aldeia na execução da estratégia. São líderes críveis e confiáveis, dignos de serem seguidos. O último passo de sua jornada rumo à sabedoria é assegurar que serão seguidos.

Construa confiança na Aldeia

A Aldeia dos 100 principais precisa de confiança para discutir com os Anciãos e contar a história que de fato está acontecendo na organização. Às vezes, serão notícias ruins, mas se a Aldeia esconder a verdade, por qualquer razão, então o time principal estará dirigindo no escuro. Seus membros não saberão se a estratégia está funcionando na prática. A parte crítica para os Anciãos é fazer a transição mais difícil de todas – de posse para liderança.

Posse significa que está sob seu domínio, reter ou passar para os outros, conforme lhe parece adequado. Liderança significa que você quer que a Aldeia tenha senso de posse e assuma a responsabilidade pela ação. É sua responsabilidade liderar, e deles fazer. A tarefa dos Anciãos é inspirar, não dizer aos Aldeãos o que fazer. Diga a eles como ser, evocando os princípios e os valores da organização. Ser guardiões da cultura, a forma como fazer as coisas, em vez do bê-á-bá da lista de ações. Ajude os Aldeãos a pensar sobre a atitude e a perspectiva certa. Falamos no Capítulo 1 sobre a importância da voz em ajudar as pessoas a adquirirem um verdadeiro senso de posse. Os Aldeãos precisam acreditar que a opinião deles conta, para que deem um passo à frente e assumam a posse de suas ações. Os Anciãos precisam ouvi-los, não falar para eles.

O desafio dos Anciãos é evitar intimidar os Aldeãos à conformidade, porque temem que eles não sejam tão inteligentes ou não consigam enxergar tão à frente. Os Anciãos não podem demonstrar frustração se os Aldeãos não conseguem enxergar com tanta clareza ou tão rápido quanto eles. A principal diretriz[31] é ajudá-los. Portanto, a principal questão sobre execução para os Anciãos é como usar sua credibilidade e confiabilidade de liderança para vender ideias para os Aldeãos e guiar e aplaudi-los à medida que avançam para a ação.

Um verdadeiro Ancião

O Programa Executivo Sênior da London Business School elege um representante de classe para atuar como interface entre o corpo docente e o *staff* da escola e os alunos. Geralmente, o representante fica muito ocupado, organizando eventos e reuniões. Certa vez, a classe escolheu uma senhora africana de meia idade como representante. Essa delegava tudo, trabalhando com cerca de um terço da classe para gerar um colmeia de atividade, com a abelha rainha parecendo relaxada e feliz nesse meio. A classe fez muito mais durante seu mandato que no mandato de outros. Segundo ela, "Se eu sou o líder, isso não significa que preciso fazer eu mesma". Se você está lendo isso e é um Ancião, relaxe, você conseguiu. Se você trabalha para um Ancião, ajude-o a parar de sujar as mãos.

Resumo

Neste capítulo examinamos criticamente o papel dos Anciãos da Aldeia, ou do CEO e do time executivo. Identificamos quem são os Anciãos e em seguida abordamos os três aspectos que podem impedi-los de serem tão eficientes quanto poderiam uma vez que fazem a transição para este papel altamente sênior. Especificamente, eles são desafiados por um processo de desenvolvimento de liderança que os ensina a competir, a valorizar seu intelecto mais que sua inteligência emocional e a continuar a fazer o trabalho eles mesmos, em vez de dedicar mais de seu tempo pensando em como o trabalho deve ser feito e dar suporte aos outros na ação. Resumindo, vemos a transição deles para uma posição para a qual parecem ser singularmente desqualificados. Os desafios da transição são os maiores que já enfrentaram.

Em seguida, consideramos maneiras específicas de desenvolver os Anciãos para serem altamente eficientes em liderar a execução de estratégias. Os Anciãos precisam de clareza sobre o tipo de estratégia que estão defendendo e da habilidade de concordar em focar em não mais do que cinco imperativos estratégicos. Eles precisam aprender como debater construtivamente para decidir fundamentalmente sobre este número limitado de imperativos e adotar boas práticas para uma governança eficaz e eficiente.

Por fim, os Anciãos precisam transformar a Aldeia dos 100 principais em seguidores confiantes e competentes, que tenham senso de posse e sejam capazes de conduzir a execução da estratégia. É um círculo virtuoso – bons seguidores tornam-se bons líderes e vice-versa.

Abordaremos as principais competências para inspirar as ações no próximo capítulo.

3

Potencializando o Emocional

*Não acredite quando dizem que não é pessoal. Passo dez horas por dia no trabalho.
É extremamente pessoal.
– Pramod Bhasin[1]*

Aristóteles e Eurípides

Aristóteles é o pai da ciência moderna, a primeira pessoa a classificar as áreas do conhecimento humano em disciplinas distintas, tais como matemática, biologia e ética. Algumas dessas classificações são usadas até hoje. Ele é o pai da lógica e do raciocínio. Eurípides, por outro lado, era um poeta e dramaturgo prolífico, que contestou as tendências da época no século IV a.C., retratando escravos como inteligentes e mulheres como fortes. Ele focou na vida e nos sentimentos de suas personagens, e isso era novo para o público grego daquela época. Aristóteles ou Eurípides? Os líderes atuais precisam ser ambos. Este capítulo não prega que os líderes devam ser exageradamente emotivos, no entanto, esta é uma habilidade subdesenvolvida em muitos líderes hoje. Precisamos aprender a controlar e aproveitar o poder da emoção.

Não acredito em você

"Seu rosto estava vermelho, contorcido de raiva, mas ainda assim controlado. Ele não olhava para mim, mas me transfixava com seu olhar. Seus colegas pararam o que estavam fazendo para observar. Agora era um anfiteatro nas entranhas da fábrica. 'A maioria dos problemas por aqui vestem gravata', ele sibilou. Eu me senti um pouco arrumado demais para a conversa em andamento. 'Você e sua turma lá em cima realmente estragaram as coisas desta vez.'

A estratégia era boa. Sendo um time de liderança, fomos muito cuidadosos e construímos a estratégia com base em uma detalhada pesquisa de mercado, entrevistas extensas com clientes e ampla aceitação dos acionistas e de outras partes interessadas. A nova estratégia trouxe consigo um programa de mudança desafiador, que significava reestruturar toda a empresa, mas estudos pilotos nos deram a confiança de que estávamos no caminho certo. A nova estrutura desalojou os antigos silos e os nivelou em uma estrutura integrada e enxuta, voltada para o cliente. Três níveis de gerência foram eliminados e estávamos levando a tomada de decisão para mais perto do chão de fábrica por meio de times de melhoria continuada.

Este homem estava bravo porque sua rotina de trabalho sofrera mudanças e ele tinha um novo líder de equipe. Queriam que ele fizesse um trabalho diferente. Ele estava sendo treinado e estimulado a assumir um papel com mais influência na tomada de decisão, mas enxergava isso como pressão para assumir o trabalho de um gerente.

É aí que as conversas se tornam realistas.

Para este homem, estratégias eram histórias inventadas por pessoas que não entendiam o que é trabalho de verdade, posicionadas e atuando hierarquicamente e geograficamente a uma distância muito grande de onde ele estava. Ele só queria fazer um bom trabalho, e não ser incomodado por todo esse processo de mudança. Ele se sentia frustrado por toda a ineficiência do aprendizado. Sua ansiedade se transformou em ressentimento e era isso que ele queria externar."

Esta história ilustrativa contada por um CEO que conduziu um programa de transformação em uma fábrica demonstra a verdadeira pressão que a execução de uma estratégia exerce sobre as pessoas. A linguagem deste empregado não foi tão educada quanto relatamos, e seu comportamento foi ameaçador. Este CEO é um dos mais corajosos. Ele queria ir a campo e descobrir de verdade como as pessoas estavam lidando com todas as mudanças, e este homem estava pronto para lhe contar. Para ele, havia muitas partes mudando simultaneamente. Um novo chefe, novas práticas de trabalho, novas responsabilidades, a confusão de todo mundo aprendendo coisas novas ao mesmo tempo. E quanto à bela palavra "empoderamento", que é usada para encorajar pessoas que não conseguem delegar, a abrir mão de todo o controle? Bem, francamente, esse funcionário não estava interessado nisso.

Esta é a dura realidade da execução de estratégia. Ela mexe com sentimentos. Comparativamente, seria mais Eurípides do que Aristóteles.

Chegando ao topo

O que é necessário para chegar à posição de executivo sênior numa organização? Como já vimos, o QI tem uma importância bastante relevante na lista de qualificações. A inteligência propriamente dita importa. Líderes seniores precisam saber lidar com grandes quantidades de informações e processá-las rapidamente para tomar decisões que funcionarão na prática.

Mas existem alguns problemas com o QI alto, o principal deles é que recorremos demais ao intelecto, quando tentamos persuadir os outros. Impingimos argumentos racionais às pessoas que queremos convencer de nosso ponto de vista. Obviamente, as pessoas precisam acreditar que as ideias funcionarão na prática, de que fazem sentido e que são críveis. Mas as pessoas também precisam ter certa afinidade com o que está sendo proposto – não adianta apenas fazer sentido, mas tem também de parecer certo. O verbo-chave é *sentir*. Queremos saber se nossos líderes são confiáveis. Conforme vimos no Capítulo 2, confiabilidade significa que um líder é genuíno e tem princípios, e é visto como um guia digno e inspirador a ser seguido. Não há nada mas persuasivo que saber que alguém tem os melhores interesses em seu coração.

Dissemos no início que as estratégias são superplanejadas e subconduzidas. Formular uma estratégia é um trabalho intelectual – vender uma estratégia para que ela seja executada é um trabalho emocional. Não é suficiente usar a lógica para fazer com que as pessoas se empolguem e se comprometam emocionalmente com um novo direcionamento estratégico. Argumentamos que nos concentramos excessivamente em criar a estratégia perfeita e no processo enfatizamos demais o raciocínio. Líderes em todos os níveis tendem a exagerar na credibilidade e negligenciar na confiabilidade. Credibilidade é nosso Aristóteles – podemos usar argumentos racionais que são consistentes. Confiabilidade é nosso Eurípides – nos comportamos de maneira genuína e confiável.

Este capítulo aborda uma grande ideia – pensar pode de fato prejudicar a execução de uma estratégia. Não o que pensamos, mas como pensamos e como nos fiamos exageradamente no pensar. Essa ideia está na essência deste livro porque acreditamos que os líderes precisam de um conjunto de competências fundamentalmente diferentes para executar uma estratégia. Os líderes precisam passar de "pensar" para "sentir", para que a chance de sucesso da execução da estratégia esteja do seu lado. A execução é o trabalho emocional do instinto, da empatia e do propósito. Se quisermos que todos tenham um senso de posse da execução, este é precisamente o momento errado de vestirmos nosso "boné do pensamento". Vejamos primeiro como pensamos demais.

Pensar atrapalha

Os analistas que comentam sobre companhias dependem de evidências para provar que a estratégia que a companhia está perseguindo é a correta. A credibilidade da organização está fundamentada na capacidade de seus líderes seniores de articularem o objetivo. Por exemplo, se a meta é expansão global, o mercado precisa entender por que a companhia pretende expandir para algumas regiões geográficas e não para outras; por que vai começar com determinados serviços ou produtos e não por outros; por que quer atuar em determinados segmentos e não em outros. Isso diz respeito a escolhas e objetivos racionais e às evidências que os embasam. Os líderes precisam fundamentar suas decisões, no mínimo, em alguns dados para demonstrar que as escolhas estratégias foram consideradas a fundo, mesmo que acabem não sendo as corretas. Atendemos essas expectativas fornecendo as estatísticas e a lógica que a situação exige. O perigo é que este processo torne extremamente estrita a definição das comunicações da liderança.

Também sabemos que os executivos seniores operam sob condições de extrema incerteza. Às vezes, o nível de incerteza é tão alto que nenhuma quantidade de evidência conseguirá direcioná-los para uma decisão em particular. Eles podem ter uma pilha monumental de dados, mas mesmo assim a balança entre "tomar" ou "não tomar" uma decisão pode permanecer equilibrada. Podem nunca saber o suficiente. É aí que pensar demais pode atrapalhar. Pode resultar numa paralisia de análise, ficando preso a um *loop* de excesso de pensamento, continuando a empilhar evidências na esperança de que surja uma resposta. Pensar demais leva a uma tendência de coletar e contabilizar evidências. Se não produzir uma resposta, os dados podem ainda ser usados como um escudo contra ataques, ou pior, como uma espada a ser empunhada e exigir conformidade.

Mas o mundo não é linear, a ambiguidade reside onde preferiríamos clareza e cisnes negros de fato existem.[2] Nossa formação e treinamento, onde quer no mundo que tenhamos estudado, nos forçam a argumentar com base em fatos e números. Devemos também incorporar dados subjetivos e exercitar o julgamento. Em vez de contabilizar a evidência, devemos pesá-la. Evidência é apenas metade da história. Não devemos nos fixar em evidência em detrimento do instinto.

Doce ironia

A ironia é que tomamos mais decisões usando o instinto do que evidências. "O cérebro não calcula tanto quanto fervilha e vaga."[3] Este é o primeiro golpe do que a maioria de nós historicamente consideramos como tomada de decisão racional baseada em evidência. Nosso conhecimento crescente sobre como o cérebro funciona mostra que a evidência vem em segundo lugar.[4] Nosso cérebro procura e recupera evidências e fatos que dão suporte a uma ideia ou uma decisão que já tivemos ou tomamos usando nosso instinto. Executivos experientes refinaram seu instinto. Jeremy Pelczer, presidente da WaterAid, acredita que "os executivos do mais alto escalão devem confiar em seu instinto ao definir prioridades e fazer escolhas; eles se tornam os embaixadores da estratégia para explicar a mensagem para o resto da força de trabalho".[5] Você confia em seu instinto? Você o utiliza bastante? Pesquisas conduzidas nos últimos dez anos sobre como o cérebro funciona nos dizem que você realmente deveria.

Confie em seu instinto

Daniel Kahneman ganhador do Prêmio Nobel de Economia em 2002 por seu trabalho, popularizado em seu livro *Rápido e Devagar – Duas Maneiras de Pensar* é revolucionário nos *insights* que oferece sobre como pensamos e tomamos decisões. Uma parte fundamental de seu livro trata do que ele chama de sistema 1 e sistema 2 do pensamento. O sistema 1 é rápido (muito rápido) enquanto o sistema 2 requer reflexão e concentração. O sistema 1 não gosta de ambiguidade, portanto suprime a dúvida e procura rapidamente informações que confirmem sua decisão imediata intuitiva. O sistema 2 é lento e ponderado e pode resultar numa visão limitada na medida em que nos concentramos em um tópico. A maior parte dos trabalhos escolares requer esforço e, portanto, precisa do sistema 2 de pensamento para analisar dados, elaborar ideias e tirar conclusões. Mas, na prática, tomamos muitas decisões cotidianas usando o sistema 1, nosso instinto. O sistema 2, que opera no modo preguiça o máximo que pode, é alimentado continuamente pelo sistema 1 com impressões, intuições, intenções e sentimentos. Isto é, o sistema 2 só entra em ação quando o sistema 1 encontra dificuldades e precisa de um processamento mais detalhado e específico para resolver um problema.

Dano emocional

Tradicionalmente, pensamos sobre a tomada de decisão como uma consideração objetiva de fatos. Quantas vezes você já ouviu alguém no trabalho dizer algo como, "Não devemos deixar o emocional nos influenciar muito nisso. Devemos pensar racionalmente". Na realidade, o oposto é verdadeiro. O segundo golpe no pensamento tradicional é que a tomada de decisão é guiada pela emoção.[6]

Há uma série de estudos que examinam o impacto do dano a dois centros emocionais do cérebro, o córtex pré-frontal ventromedial (VLPFC) e a amídala. Os estudos examinaram e compararam a habilidade de tomada de decisões em pacientes com danos em um desses centros com um grupo de controle sem danos. Em ambos os casos de dano, o paciente tomava decisões ruins quando era forçado a escolher e, ao contrário do grupo de controle, não aprendia a tomar decisões melhores conforme o exercício prosseguia. Na vida real, ao contrário das condições de laboratório, pacientes com dano no VLPFC parecem racionais, entram num *loop* contínuo e interminável do sistema 2 até mesmo para decisões simples, tais como em que dia uma reunião deve ser realizada. Em um estudo de caso, o indivíduo com dano no VLPFC passou quase meia hora enumerando os prós e contras para duas datas potenciais de uma reunião, incluindo considerações exógenas, como as condições climáticas no dia. Perfeitamente racional, mas completamente indeciso. Nessa situação, não havia influência emocional sobre o que parecia a escolha mais vantajosa, portanto, o indivíduo fica preso na análise.

A emoção nos faz decidir.

Uma observação interessante, o VLPFC fica localizado no cérebro bem atrás do septo nasal. Em alguns países asiáticos, é comum pintar um ponto colorido, chamado *bindi* no centro da testa perto das sobrancelhas. Tradicionalmente, diz-se que nesta área se situa o sexto chakra, a "sabedoria oculta". Segundo os seguidores do hinduísmo, este chakra é o ponto de saída da energia kundalini. Acredita-se que o bindi retém a energia e reforça a concentração. Como os povos antigos concluíram isso? A pesquisa moderna que nos proporcionou a explicação científica só foi publicada em 1999.

A mensagem aqui é entender que nós todos nos baseamos nas emoções e no instinto. Não tente isolar a tomada de decisão dessas duas influências porque elas estão tecidas na trama de toda decisão que tomamos.

A The Body Shop

Anita Roddick fundou a The Body Shop em 1976. Um espírito rebelde, suas viagens ao redor do mundo depois de se formar na faculdade foram encerradas na África do Sul, de onde foi expulsa por violar as leis antiapartheid ao frequentar um clube de jazz na noite "sem brancos". Ela retornou a sua cidade natal Littlehampton na costa sul da Inglaterra, casou-se e teve filhos, e com seu marido Gordon abriu primeiro um hotel e depois um restaurante. Administrar o hotel e o restaurante começou a exigir muito da vida familiar. O restaurante foi vendido e o marido de Roddick declarou que pretendia fazer uma expedição ambiciosa – cavalgar da América do Sul até Nova York. Roddick buscou outro empreendimento onde concentrar sua energia e se sustenta na ausência do marido. Após alguma reflexão, ela teve a ideia de criar um negócio diferenciado no ramo de cosméticos. A diferença – ingredientes naturais.

Em 27 de março de 1976, com o marido prestes a partir para sua expedição, Roddick inaugurou sua loja de cosméticos ambientalmente corretos em Brighton, próximo a Littlehampton. A ideia não era simplesmente vender produtos socialmente responsáveis produzidos com ingredientes naturais, mas vendê-los em tamanhos reduzidos semelhantes a amostras grátis que deixassem os clientes tentados a experimentar. A loja em Brighton prosperou e logo Roddick estava planejando abrir outra loja na cidade próxima de Chichester. Quando seu marido voltou em 1977, o conceito The Body Shop havia se disseminado. Pedidos de abertura de filiais em outras partes do país jorravam. Os amigos de Roddick e seus parentes cuidaram das primeiras lojas. Para responder à demanda de abrir outras filiais, Roddick e o marido começaram a franquear o conceito. Uma grande proporção dos franqueados era de mulheres, e Roddick podia alegar justificadamente que havia ajudado a mudar a imagem tradicional de um empreendedorismo dominado pelos homens na Inglaterra.

Roddick construiu seu negócio extremamente bem-sucedido com base em instinto e princípios, não em dados e análise estratégica. Não havia demanda para o que ela criou até que seu produto passou a existir e depois as pessoas começaram a querê-lo. O que ela iniciou não foi um negócio de cosméticos convencional. Ela tinha pouco tempo para a indústria da beleza, acreditando que o negócio deste setor era vender sonhos inatingíveis. A The Body Shop era diferente. Roddick não usava argumentos especiais para vender seus produtos. Na verdade, ela não anunciava, recorrendo apenas a informações e ao boca a boca para atrair os clientes até a loja.

"Fazer produtos que funcionam é o mais importante", Roddick comenta. "Assegurar que minimizamos nosso impacto em nosso processo de manufatura, limpamos nosso lixo, devolvemos para a comunidade... fomos aonde as empresas nunca quiseram ir porque não pensam que seja papel delas se envolver."[7]

Cuidado com a propensão

Não estamos dizendo que toda decisão executiva se torna um tiro no escuro. O forte instinto dos executivos foi aguçado pela experiência. Vem sendo testado ao longo dos anos e ajustado quando se mostra certo ou errado. Você conquistou o direito de confiar em seu instinto – é como você toma decisões na maior parte do tempo. Mas seu instinto, ou sistema 1, tentará convencê-lo de que você está sempre certo. Portanto, cuidado com a propensão, continue aprendendo a aguçar seu instinto, e mantenha a mente aberta. O instinto funciona melhor quando estamos em situações conhecidas e precisamos agir rápido.

Outra razão para subestimarmos nosso instinto e emoções e dar muita importância à, assim chamada, análise racional é que contratamos consultores. Eles vivem de vender QI para ajudar a elaborar estratégias e solucionar problemas organizacionais.

Os consultores não estão ajudando

David Levin, CEO da UBM, afirma: "Uma boa estratégia é dinâmica e os mercados precisam tanto de evidências quanto de instinto. O problema com os consultores é que todos usam o lado esquerdo do cérebro; infelizmente, o menos criativo. Dados demais e criatividade de menos".[8]

É raro andar pela ala executiva de uma organização sem ver consultores. Eles geralmente estão sentados o dia todo ao lado dos Anciãos da Aldeia. Quem são eles e o que estão fazendo? Consultores de conteúdo possuem respostas para situações com que já se depararam repetidas vezes. Consultores de processos, por outro lado, ajudam as organizações a fazerem as perguntas certas e desafiam o pensamento tradicional. O que todos têm em comum é que importam um kit de modelos, de uma simples matriz de quatro quadrantes (BCG) a algoritmos matemáticos complexos. A indústria global das consultorias foca exageradamente em QI ao proliferar modelos analíticos e gráficos. Os consultores traduzem nosso problema para a linguagem deles. E a linguagem especial da estratégia atrapalha a execução.

Outro CEO explica como isso pode dificultar a vida: "Quanto mais tempo você gasta tentando encaixar a estratégia em quadrantes, mais difícil é criar uma mensagem que convence e dá poder para as pessoas agirem. Apresentações de estratégia contêm gráficos magníficos e uma prosa brilhante, mas perdem a essência do que você está tentando transmitir – a mensagem se perde no jargão esotérico. Os consultores de estratégia não avançaram".

Eles falam um dialeto diferente na Aldeia deles

Não é falta de entendimento. O CEO entende o que os consultores estão aconselhando. Seu desafio é evitar se tornar refém do jargão para que possa traduzir o direcionamento estratégico para uma linguagem simples e objetiva que todos podem compreender. Livros de negócios e consultores usam uma linguagem própria, e ela pode parecer esotérica. Assim como os esquimós, que têm diversas palavras para descrever neve,[9] os consultores de negócios têm diversas palavras para descrever a estratégia e, portanto, muitos modelos para descrever os diferentes tipos de estratégias. O problema é que isso nos faz tentar criar uma história que se encaixe num molde, em vez de contá-la objetivamente. Este CEO prossegue: "O perigo é que o CEO ouve o jargão e decide delegar a estratégia a alguém do time que usa o mesmo jargão e que pode acompanhar as informações. Então o CEO perde a posse ou a habilidade de traduzir. É perigoso".

É quase como se a estratégia se tornasse um jogo separado com regras e linguagem próprias. Como resultado, até mesmo o executivo mais sênior da empresa, o CEO, pode perder a posse da estratégia. Ela foi delegada e transformada em modelos e em uma linguagem, e então se perde na tradução. Se a posse da estratégia for perdida neste nível mais alto, a probabilidade da execução diminui drasticamente. É como visitantes de outra aldeia, que falam um idioma diferente. Os consultores chegam e facilitam a formulação da estratégia, mas então remodelam a conversa estratégica em seu próprio dialeto. Isso já torna difícil entender, quanto mais propagá-la. Em vez de proporcionar clareza, pode se transformar num quebra-cabeça intelectual e, portanto, difícil de explicar de uma forma que todos na companhia entendam.

Mais que isso, suponhamos que a estratégia esteja errada? Sem o instinto de negócios para testá-la, será fácil a estratégia sair do rumo. Deve haver um diálogo bom e claro entre os consultores e os líderes da empresa para testarmos se a estratégia é adequada. Mas como fazer isso se a linguagem ofusca a realidade? A linguagem parece inteligente e convincente. Um pouco como o "rei está nu", talvez não gostemos de confessar que na realidade não estamos entendendo ou temos dúvidas importantes sobre o que está sendo proposto.[10] Entramos na onda e continuamos.

Poderosos demais?

Os consultores podem ser muito poderosos. Um CEO contou uma história sobre seu antecessor. Alguns consultores contratados pelo diretor de pesquisa e desenvolvimento expuseram o CEO como sendo aparentemente a causa dos problemas enfrentados pela companhia. Eles formaram uma aliança forte com os membros do time executivo e, como resultado, o CEO perdeu seu emprego. Portanto, o impacto deles pode ser dramático. Os Anciãos não podem se dar ao luxo de ficarem tão dependentes a ponto de deixar que os consultores tomem as decisões executivas por eles. Os executivos correm o risco de a estratégia ser dos consultores em vez de sua, resultando na falta de posse por parte da Aldeia dos 100 principais. Falta de posse significa execução sem sustentação.

Renove seu QE

O desenvolvimento da estratégia é o propósito do CEO, mas sua execução é um desafio para toda a organização. Como podemos encorajar as pessoas e levar a uma posse disseminada da execução da estratégia? Precisamos de um novo conjunto de competências. Precisamos assegurar que todos tenham uma conexão emocional com o que a organização está tentando alcançar.

Nick Foster, ex-COO da Reed Exhibitions e atualmente consultor, cultivou uma parceria de 25 anos com seu CEO, Mike Rusbridge. Eles foram cuidadosos em estruturar a companhia de forma que as pessoas não se reportassem a Mike através de Nick, que, segundo suas próprias palavras, está "no campo à esquerda da pirâmide". Isso significa que Nick não se sentava no lugar esperado na hierarquia organizacional, mas atuava ao lado dela, quase independentemente. A vantagem que isso traz é que Foster podia acalentar sua paixão por pessoas e por criar novos negócios por meio da antiga virtude de gerenciar perambulando pela empresa.[11] Como não existe um relacionamento de reporte direto com ele, as pessoas se sentem mais relaxadas na companhia e abertas em suas conversas com ele. Segundo Foster, "Você precisa sair, sentir o pulso da companhia, envolver-se com o que está acontecendo. Conheço a maioria das pessoas e estou lá para ajudá-las a evoluírem seus negócios. Não sou adepto do confronto. Sou bom em conversas individuais e minha função é passar boa parte do tempo pensando e descobrindo onde estão as oportunidades".[12]

Nick é um verdadeiro estrategista. Ele passa seu tempo conversando com as pessoas e as ajudando a explorar novas ideias para o negócio. Ele não se ocupa com uma interminável lista de afazeres própria; ele passa grande parte de seu tempo pensando. Ele tem plena consciência de que seu valor agregado vem de prestar atenção nos outros e dar suporte para expandirem o negócio. Ele usa seu QE.

O aspecto emocional dos negócios ganhou muita atenção nos últimos 15 anos. Em seu livro de 1995, *Inteligência Emocional*,[13] Daniel Goleman desencadeou uma onda de lembretes que nosso eu emocional é tão importante quanto nosso eu intelectual no trabalho. No entanto, de certa forma, engajar corações não acontece tão naturalmente quanto engajar mentes. A balança pende inutilmente para o lógico e o racional, fato que até o dr. Spock[14] constatou que nem sempre funciona na prática.

Uma executiva sênior com mais de 20 anos de experiência na indústria farmacêutica, principalmente na AstraZeneca e na GlaxoSmithKline e que também ocupou diversas posições no conselho, está convencida de que existe excesso de racionalidade na execução da estratégia. "Racionalidade é um fator limitador. Certamente precisamos de QI assim como de QE, mas a crença numa estratégia é emocional; isso ajuda sua compreensão e cria conexão com ela. Debates de alto nível esquecem da emoção, mas ela nos energiza".[15] Para adquirir posse da execução da estratégia precisamos prestar atenção em como as pessoas estão se sentindo sobre o rumo que estamos pedindo que elas tomem.

Por que esta ênfase nos sentimentos? Porque toda estratégia nova traz mudanças, e toda mudança provoca uma reação visceral – sempre. Pode ser qualquer coisa desde uma pequena incerteza até o pânico total, dependendo da escala da mudança e do quanto ela nos afeta. Nossa reação pode ser grande ou pequena; pode ser positiva ou negativa. Mas é emocional.

Assim como o instinto e a emoção desempenham um papel importante em como tomamos decisões, nossos sentimentos desempenham um papel importante em como reagimos à mudança. E executar uma estratégia significa fazer mudanças.

Previsivelmente irracional[16]

Todo ser humano passa por algum estágio previsível de reação emocional em resposta a uma mudança.[17] Somos irracionais de maneiras previsíveis. O primeiro é a negação – estamos desconcertados e queremos que o mundo volte a ser como era antes de ouvirmos da notícia. O segundo estágio é a raiva ou algum tipo de emoção; o que está acontecendo parece injusto, ou frustrante ou errado. Depois há o período de barganha, conforme confrontamos a realidade da nova situação e tentamos mantê-la sob controle. A seguir vem o período de depressão, quando realmente processamos o que está acontecendo e procuramos encontrar um sentido nisso. Experimentamos novas maneiras de trabalhar isso e tentamos descobrir como seguir em frente. Por fim, aceitamos a situação – ela pode continuar nos deixando infelizes, mas aprendemos a conviver com ela e ir adiante. Criamos novas práticas, crenças e rotinas em nossa vida. O processo de mudança, uma vez concluído, proporciona a base de nosso "novo padrão". Até a próxima rodada de mudanças.

Essas reações são mais um menu do que uma receita. Nós não necessariamente passamos por elas nesta sequência, e às vezes alternamos entre elas mais de uma vez. Nem sempre sentimos profundamente cada um dos estágios. Por outro lado, em outras ocasiões, podemos ficar permanentemente presos em um estágio e não conseguimos ir em frente, a menos que peçamos e aceitemos ajuda. Você já viu alguém nesta situação? Alguém que está com raiva de alguma coisa que aconteceu anos atrás e que nunca aceitou o fato completamente, e portanto não conseguiu integrar isso a uma nova maneira de ser? Também é possível sentir cada estágio profundamente, mas continuar indo em frente ou passar de maneira superficial e rápida pela mudança sem um impacto pessoal intenso. Isso depende do quão importante e grande sentimos que a mudança é para nós.

Abraço metafórico

A questão crítica aqui é que a execução da estratégia significa mudança, e mudança é um processo emocional. Apelar para a lógica, citar fatos e números e uma elucidação cuidadosa da visão não funcionam. Estamos num estado de nervosismo e ansiedade, precisamos de um conforto emocional ou de um abraço. Não são evidências que estamos buscando, mas empatia ou ao menos um pouco de compaixão. É como estar no meio de uma discussão em casa e seu parceiro olha para você e diz: "Você não me ama mais". Este não é o momento de bradar uma lista de coisas que você fez que provam seu amor. É hora de prestar atenção no que seu parceiro está sentindo e por quê. É hora de um abraço.

Esta não é uma nova técnica de gestão. Não estamos sugerindo que você realmente saia abraçando todo mundo no trabalho, embora aparentemente tenha funcionado para Herb Kelleher.[18] Em vez de literalmente abraçar as pessoas no trabalho, experimente um abraço metafórico. Como é um abraço metafórico? É ouvir, é reconhecer a ansiedade e é dar tempo e espaço para conversas sobre medo e incertezas. No entanto, nosso comportamento padrão tende a ser intelectual, citar mais uma vez todas as boas razões do porque este caminho é o certo, tentar vencer a ansiedade e a hesitação o mais rápido possível. Muita lógica com pouca empatia não funciona.

É como se tivéssemos receio de que se pararmos para fazer uma pergunta, não seremos capazes de responder com todos os fatos que temos à mão, então é melhor não parar. Mas quando se deparam com uma mudança, as pessoas precisam falar e ser ouvidas; não precisam necessariamente de uma resposta. É como se tivéssemos muita pressa para fazer algo, mas não temos tempo para falar sobre isso. Mas, ao menos que as pessoas possam criar um senso próprio sobre a mudança, você pode ter a pressa que quiser. Elas não vão se apressar com você.

As pessoas param de ouvir, então pare de falar

A mesma pesquisa sobre os estágios previsíveis da reação emocional à mudança também explica que, quanto mais confusos estamos sobre a mudança que vamos enfrentar, menos capazes somos de ouvir. O medo nos torna surdos e a mudança pode ser amedrontadora. Já é difícil ouvirmos em nosso cotidiano porque pensamos de quatro a sete vezes mais rápido do que falamos.[19] É fácil uma palavra ou uma frase fazer nosso cérebro disparar já pensando em alguma outra coisa. E é pior quando ouvimos notícias sobre uma mudança que vai nos afetar. É quando paramos de dar ouvidos ao bom senso ou a explicações cuidadosas. Na verdade, paramos de ouvir completamente. Nossa atenção se interioriza, conforme tentamos digerir a notícia e lidar com o que ela significa para nós. Precisamos de tempo e espaço para refletir. Portanto, se quisermos que as pessoas ouçam, entendam e aceitem a mudança, precisamos ficar atentos a essas reações. Se tratarmos apenas do impacto factual da mudança, da razão da mudança e não da reação emocional que ela gera, a mudança não terá um embasamento sólido. Não faz sentido falar quando ninguém está ouvido.

Saiba reconhecer quando surgir

Ali Gill é ex-remadora olímpica. Atualmente, ela usa sua proeza física combinada com seu diploma em psicologia pela Universidade de Oxford para atuar como consultora ajudando líderes corporativos. Um fenômeno que ela observou é a ansiedade demonstrada por alguns líderes jovens cuja ascensão foi meteórica. "Eles são promovidos rapidamente porque são talentosos. Então experimentam uma onda de sentimentos inesperados e, para eles, sem explicação. Eu explico que isso acontece porque agora estão liderando outros que se sentem preocupados com as mudanças e com as incertezas sobre seu futuro. Os líderes absorvem a ansiedade ao seu redor; é geralmente sufocante. Chamamos isso de 'transferência' – o processo pelo qual vivenciamos indiretamente os sentimentos dos outros. Esses líderes jovens e inteligentes têm dificuldade de entender isso".[20] Uma parte importante da inteligência emocional é a habilidade de entender os seus próprios sentimentos, para saber explicar o que você está sentindo e por quê. Isso lhe proporciona uma autopercepção para que você possa entender o que os outros estão sentindo.

Vamos observar agora como podemos refinar esta percepção emocional para ajudarmos a nós mesmos e aos outros.

Um novo conjunto de competências para execução

Como um novo conjunto de competências podem ter relação com a execução de estratégias? Acreditamos que líderes de todos os níveis precisam de um novo conjunto de competências. Isso significa passar a ênfase do QI necessário para criar a estratégia para o QE que ajudará os outros a executá-la. A emoção é a dimensão que falta para a criação de agilidade estratégica em sua organização.[21] Os líderes entendem intelectualmente que precisam engajar tanto os corações como as mentes, mas geralmente falham em colocar ambos em prática. Só podemos criar empatia com outro ser humano se entendemos as emoções dessa pessoa. Portanto, para engajar corações, precisamos apertar o botão de pausa da explicação que estamos oferecendo sobre o que deve acontecer e em vez disso prestar atenção nas reações que estamos obtendo e entrar em sintonia com o nível de aceitação emocional. Só conseguiremos convencer os outros se soubermos o que eles querem e pudermos demonstrar para eles como isso será entregue. Precisamos desenvolver nossa habilidade de sintonizar, de ter *insight* social. Isso é persuasão.

Ser influenciável é influente

Para que as pessoas se juntem a você em sua jornada, deixe que elas o influenciem. Por que você deve mostrar que pode ser influenciado? Por que sabemos que isso torna você mais influente.[22] As pessoas que demonstram estar abertas a sugestões dos outros conseguem mais aceitação de suas ideias como retorno. Conforme um colega expressa isso, os relacionamentos humanos dizem respeito a uma "reciprocidade não articulada".[23] No vernáculo popular, uma mão lava a outra. Você também precisa estar aberto para a influência porque pode estar errado. Você está testando se a nova estratégia funciona. Parte do obstáculo pode ser resistência a mudanças, mas em outras ocasiões é possível que a execução não vá adiante porque a estratégia está realmente errada – para aquela região, ou país, ou produto ou serviço. Ouça cuidadosamente para que possa distinguir entre resistência e bom conselho. Então, você poderá adequar.

Paciência é uma virtude

Se você está explicando para alguém a estratégia e o que será necessário para executá-la, já está à frente de seu público. Você precisa ter paciência enquanto eles o alcançam. Pode ser frustrante e moroso, mas se essas emoções negativas transparecerem para seu público, você simplesmente vai aumentar o nervosismo natural das pessoas em relação a uma mudança. Nos estágios iniciais, você deve ser objetivo, claro e calmo em sua mensagem. É isso o que está mudando, é isso que vai permanecer igual e é assim que precisamos agir. E você precisa dizer mais de uma vez para que a mensagem seja absorvida – porque as pessoas estão envolvidas em seu processo interno de pensamento conforme digerem a notícia e procuram entender o que ela significa para seu futuro. Como líderes da mudança precisamos ser pacientes. Será preciso repetir uma mensagem consistente diversas vezes e também será preciso dedicar tempo para analisar quais impactos a mudança terá nas pessoas envolvidas.

Controle suas emoções

Não reaja exageradamente a obstáculos nos estágios iniciais. Queremos sentir alguma resistência, porque caso contrário, isso significa que a mensagem não está sendo passada. Precisamos controlar nossas próprias reações e ao mesmo tempo deixar que os outros extravasem as deles. Empatia não é o mesmo que concordar com os dissidentes. Estamos simplesmente reconhecendo o ponto de vista deles conforme trabalhamos para fazê-los aceitar as mudanças pessoais que precisarão empreender.

Podemos oferecer suporte e conselho, mas não cláusulas de isenção. A mensagem consistente deve ser tranquila: "Isto vai acontecer. Como posso ajudá-lo?". É realmente importante não suprimir discussões e conflitos neste estágio – queremos que as emoções sejam extravasadas. Obviamente, devemos esperar que as pessoas tenham uma atitude profissional a todo tempo. Mas conflito e discussão são sinais de que a mensagem foi absorvida e que o processo de adequação começou. Considere isso um sinal positivo. Com muita frequência consideramos esta fase de questionamento como um sinal de rebelião e a debelamos rapidamente, com pilhas de argumentos em favor da mudança e medidas rígidas. Isso afasta as pessoas de nós, levando a um estado de negação e apatia, em vez de aproximá-las de nós com curiosidade e interesse.

Conectar, conectar, conectar

Todo livro de estratégia fala sobre "comunicar, comunicar, comunicar". E cada um deles está errado. O que lhe vem à mente quando dizemos, "Você precisa comunicar esta mensagem"? A maioria de nós começa a pensar em preparar uma apresentação ou escrever um e-mail ou no mínimo ter a história pronta e consistente em nossa mente. Estamos preparando algo para ser entregue. E agora, o que lhe vem à mente quando dizemos "conectar"? De alguma maneira, a próxima palavra em que pensamos é "com". Existe uma conotação de coesão, união. A tendência de associar comunicação a transmitir uma mensagem é exacerbada ainda mais por tuitar e blogar, em que uma mensagem postada não requer a reposta de ninguém. Em vez disso, pense em "conectar".

Reserve um tempo para conversas. Sua agenda vive repleta de atividades e eventos, reuniões e conferências. Você é mantido muito ocupado. Mas o quão conectado você está? Isto é quantos seguidores você tem que realmente entendem o que precisa ser feito para que a estratégia aconteça, que verdadeiramente acreditam nela tanto quanto você e que podem agir em uníssono, sem serem guiados? Eles são como uma extensão sua. Quantos colegas na empresa você pode afirmar que com certeza acreditam nas mesmas coisas que você – isto é, todos trabalhando juntos para executar a estratégia, não trabalhando inadvertidamente com propósitos opostos ou sabotando uns aos outros? Se você puder abrir espaço em sua agenda para conversar com as pessoas, persuadir e, mais importante ainda, ser influenciado, então estará avançando rumo ao alinhamento. A execução começará a acontecer.

Uma conversa de qualidade é crítica para uma execução de estratégia eficiente. No entanto, continuamente deixamos que reservar espaço para isso em nossa agenda. Focamos demais em fazer nosso próprio trabalho e cumprir nossas próprias tarefas às custas de gastar um tempo para disseminar nossa influência.

Um CEO nos contou: "Passava horas e mais horas andando pela fábrica e pelos corredores do escritório. Centenas e mais centenas de conversas para entender onde as pessoas se situavam em nossa jornada e falando sobre o futuro que eu enxergava. Para proporcionar a elas um senso do que estávamos criando juntos. Quatro anos mais tarde, nossa visão se tornou realidade. Minha tarefa mais importante era socializar as ideias para nos ajudar a chegar aonde queríamos".

Uma comunicação eficiente é o extremo oposto de dizer aos outros o que fazer via apresentação de PowerPoint. Assim como este CEO aconselha, é uma conversa de qualidade com jogadores-chave que pode disseminar sua influência.

Seja a mudança que quer ver[24]

As pessoas são excelentes vigilantes de chefes. (Elas inclusive falam sobre você quando chegam em casa.) Suas palavras e ações são observadas continuamente, dissecadas e interpretadas. São checadas para saber se existe correspondência, isto é se você faz o que diz e se há sentido no que diz. Eles vão reproduzir o que você faz mais do que o que você diz, porque sua comunicação é mais forte por suas ações do que por suas palavras. Então se você diz para as pessoas que os clientes são importantes, certifique-se de que dedica tempo aos clientes. Se você quer que as pessoas foquem na expansão para uma nova região, passe um tempo visível lá. Se você quer transmitir que não há problema em falar o que sentem sobre a mudança, fale o que você sente sobre ela. Você tem mais impacto do que imagina ou percebe. Um CEO queria que a companhia transmitisse uma imagem mais "refinada" para os clientes, então ele começou a usar gravata. Em poucas semanas, 80% dos funcionários do sexo masculino também usavam gravata, sem a necessidade de um edital da empresa sobre código de vestimenta. Observamos os líderes o tempo todo para obter pistas.

E lembre, se estiver reclamando que "eles não entendem", pare para considerar se eles não estão entendendo exatamente porque parece que você não está entendendo. Podemos falar sobre colaboração, quando eles nos veem brigando abertamente com os colegas? Podemos falar em globalização, quando todos os líderes seniores são do país onde a matriz está localizada? Se não praticamos o que pregamos, eles também não vão. Dedicar tempo para fazer o que você está dizendo aos empregados é importante para conseguir que a estratégia seja executada. As ações sempre falam mais alto do que as palavras. Precisamos estar sintonizados com os sentimentos e as expectativas e vivenciar as mensagens que estamos transmitindo.

É físico

Na pressa de fazer o trabalho, podemos negligenciar a impressão que passamos. Liderar a execução é um processo tanto físico quanto intelectual e emocional. As pessoas observam não só o que dizemos, mas também como dizemos e o que transparecemos. Estamos felizes, preocupados, alegres ou ansiosos? Isso precisa ser demonstrado por fora. Se sabemos que, em resposta, parecemos normalmente preocupados, precisamos fazer um esforço consciente para sorrir. Se é difícil distinguir nossa expressão de reflexão de nossa expressão de indiferença, devemos praticar algumas caras de circunspecção na frente do espelho. Este não é um exercício trivial, conforme mostra a pesquisa do dr. Albert Mahabrian.[25] Grande parte do significado é transmitido de maneira não verbal e uma dissonância entre o que está sendo dito e como está sendo dito deixa o receptor da mensagem confusa desconfortável. Os observadores estão buscando uma imagem congruente. Se você diz que uma estratégia vai bem, deixe isso transparecer. Ou se está insatisfeito com o ritmo de progresso das metas de execução, não ande pela empresa sorrindo. Alinhe o que quer expressar com o que demonstra por fora.

Feche a lacuna entre o que você tem a intenção de dizer e o que de fato comunica. Gaste o mesmo tempo pensando sobre seu comportamento não verbal quanto gasta pensando sobre o conteúdo que vai comunicar. A frase "Uma imagem vale mais que mil palavras" apareceu em 1911 num artigo de jornal citando o editor Arthur Brisbane discutindo sobre jornalismo e publicidade.[26] Ele estava certo. A primeira impressão que as pessoas terão sobre sua mensagem é o que você transparece, antes de abrir sua boca. Então planeje sua aparência. Dedique um tempo para planejar como expressar suas ideias, seu tom de voz e comportamento, assim como planeja o conteúdo do que pretende dizer. A comunicação não verbal é uma ferramenta poderosa, mas também pode agir contra você se estiver transmitindo mensagens confusas.

Transmita confiança

Albert Bandura é professor emérito de ciências sociais no curso de psicologia da Universidade Stanford. Ele é conhecido como criador da teoria do aprendizado social e da teoria da autoeficácia. Uma pesquisa de 2002 identificou Bandura como o quarto psicólogo mais frequentemente citado de todos os tempos (atrás de B. F. Skinner, Sigmund Freud e Jean Piaget) e o mais citado ainda vivo.

Imagine a cena no dia de abertura do Programa Executivo de Stanford. A sala cheia de executivos seniores e CEOs. A classe é dividida ao meio e Bandura de jaleco branco instrui cada metade em separado sobre o exercício idêntico que estão prestes a realizar. Seu jaleco branco lhe proporciona uma autoridade extra. Ele fala para uma metade da turma sobre quão desafiador será o exercício, mas que conhecimento não é pré-requisito, portanto os membros desta metade iriam aprender muito e se desenvolver durante a tarde, assim como se divertir. Para a outra metade da turma ele fala sobre o quão desafiador será o exercício e que como conhecimento é fundamental este grupo irá batalhar e se frustrar, mas que precisam se esforçar para alcançar o máximo que puderem.

No final da tarde as duas metades da classe são reunidas para falarem sobre o exercício. A metade da turma para a qual ele disse que iria aprender e se divertir fez exatamente isso – estavam de bom humor e os resultados foram bons. A outra metade não se saiu bem e as pessoas estavam frustradas e de mau humor. Os membros desta metade exigiram que deveriam fazer o mesmo exercício que a outra metade da classe apreciou tanto (lembre-se de que o exercício foi o mesmo para ambas as metades). O mesmo exercício, resultados diferentes.

O que aconteceu? As pessoas respondem à expectativa que você tem delas. Se você diz que a execução da estratégia será desafiadora, porém também vai lhes proporcionar a oportunidade de desenvolvimento e diversão, é isso o que vai acontecer. E se você diz a elas que o trabalho será duro e frustrante, então elas acabarão tristes e frustradas. Como líder, você tem praticamente a mesma influência que um cientista de jaleco branco da Universidade Stanford. O que você vai dizer para seus empregados a partir de hoje?

Acompanhe o passo

Um pensamento final: Como pulso do processo de execução, você está guiando pessoas, atraindo, convencendo, engajando e conectando. Em algum momento você verá o sucesso e perceberá que as pessoas avançaram. Você esteve tão ocupado tentando mobilizá-las que se esqueceu de avançar também? Não deixe que elas estejam a sua frente. Planeje os próximos passos ao mesmo tempo em que encoraja a execução da estratégia atual.

Conectando com propósito

A inteligência emocional é uma habilidade crítica para alguém liderar a execução de estratégias, e é frequentemente pouco empregada no trabalho. A maioria dos líderes usa a lógica e as evidências como padrão quando defende uma mudança. Se o público for um analista de mercado, ele precisa do racional e da lógica. Se o público for alguém que precisa aceitar a mudança para fazer a nova estratégia acontecer, então precisa se sentir seguro e confiante sobre o futuro. A diferença é que o analista usará informações e explicações para aconselhar as pessoas sobre a companhia como oportunidade de investimento. Internamente, é uma proposição muito diferente. Você está mudando a vida do empregado a quem quer persuadir a se comportar ou pensar de maneira diferente.

Quando queremos persuadir e influenciar alguém dentro da empresa, é um erro focar em fatos e dados para vender a mudança. Para mobilizar as pessoas de dentro da empresa, precisamos entender onde elas estão na jornada da mudança emocional, ouvir e oferecer suporte. Puxá-las para perto de nós entendendo suas necessidades, em vez de empurrá-las para frente com nossa lógica. É muito mais fácil impelir as pessoas a executarem a estratégia se esta verdadeiramente parecer mais importante para eles do que mais um dia de trabalho para mais um dia de pagamento. A vida profissional deve ser mais do que o resultado do próximo trimestre ou o próximo salário. Qual é o propósito de toda essa atividade?

Dissemos no início que uma execução de estratégia bem-sucedida exige dos líderes um conjunto diferente de competências. A execução diz respeito a instinto, empatia e propósito. Vamos passar agora para o terceiro tópico e examinar a importância do propósito na execução da estratégia.

Propósito e paixão

Ginni Rometty é membro do conselho, presidente e CEO da IBM. Ela foi indicada em 1º de outubro de 2012 em meio a uma grande aclamação como uma das então 4% de mulheres entre os 500 CEOs da revista *Fortune* e a primeira CEO mulher nos 101 anos de história da IBM. Em nove meses de mandato, as ações da empresa atingiram seu nível mais alto. Dois dias depois que assumiu a posição, ela foi entrevistada por Jessi Hempel na Convenção das Mulheres Mais Importantes promovida pela *Fortune*. O trabalho mais importante de um CEO é pensar no longo prazo e reinventar a empresa à medida que o mundo muda. Rometty disse ao público, após ser apresentada pelo editor-chefe da *Time* Inc., John Huey, que acredita que o principal aspecto de realizar este trabalho importante não é a estratégia, mas a "crença estratégica".[27] quando lhe perguntaram sobre sua estratégia, ela respondeu: "Pergunte-me primeiro em que eu acredito, é uma resposta muito mais duradoura". O que ela quis dizer? Num mundo em que tudo muda tão rápido, não podemos prever o futuro, portanto nossa estratégia, ou plano, pode ir por água abaixo. Um plano pode ser bem concebido, intensamente pesquisado e minuciosamente detalhado – e pode também estar errado. Em um mundo cada vez mais volátil, um plano não é suficiente. Rometty defende um senso de direção mais amplo e menos específico – destino em vez de alvo.

Rometty prossegue: "A maioria de nós conta com uma força de trabalho brilhante, muito inteligente, que quer se engajar de maneira ampla. Essa ideia de crença estratégica diz que é possível chegar a um consenso na empresa para o futuro, sobre arcos de mudança realmente grandes". O exemplo que ela dá para a IBM é sua crença de que a era da computação cognitiva, em que os computadores começam a aprender, em vez de simplesmente serem programados, está começando e vai mudar completamente a IBM. É essencial que a IBM siga este "arco direcional" de longo prazo.

O que Rometty está fazendo é dar para as pessoas um senso de direção e propósito. Ela está respondendo a um impulso humano básico.[28] Ela também está demonstrando claramente sua crença e convicção sobre o futuro que está descrevendo, que é poderosa porque nossos colegas querem ver que estamos comprometidos emocionalmente.[29]

Já falamos sobre o *briefing* típico de estratégia. A longa apresentação em PowerPoint, gráficos, cores, metas e análise de problemas – estamos aqui e precisamos chegar lá. Aqui está até aonde precisamos ir para fazê-la acontecer. Esses são os obstáculos que podem nos impedir de ir adiante. O briefing será extenso em informações, mas não conquistará o coração. Rometty trabalha num nível diferente. Ela está engajada no nível da crença, na convicção sobre o futuro. Isso realmente nos engaja. Podemos nos tornar passionais sobre nossas crenças. E ninguém pode dizer que estamos errados porque a crença, assim como a emoção, é algo pessoal e íntimo. Nosso debate sobre crenças envolverá paixão e convicção, e esses são os primeiros passos para a posse do resultado. Não um debate desapaixonado sobre fatos, que não estão em nosso íntimo e podem ser tratados objetivamente. Mas um debate que nos toca e a nossos valores profundamente – um engajamento apaixonado sobre a coisa certa a fazer.

O que é preciso para você mudar de ideia?

A execução de uma estratégia geralmente significa centenas e milhares de pessoas concordando sobre um novo rumo e adotando um novo conjunto de crenças e comportamentos. Nesta época de complexidades e incertezas, com a inovação constante atacando nossos modelos de negócios e nossas formas de trabalho atuais, estratégia significa fazer algo diferente, em vez de fazer mais do mesmo.

Existe uma discussão contínua sobre como fazer alguém mudar de ideia. É um tema importante para execução de estratégias, porque uma nova estratégia traz mudança e esta exige uma perspectiva diferente e novas maneiras de trabalhar. O debate geralmente é sobre que estrada tomar: se é fazer uma pessoa mudar de ideia e então aguardar que o novo comportamento esperado ocorra a seguir ou se é mudar o comportamento da pessoa, o que a levará a um novo conjunto de crenças. Seguindo a linha de nossa abordagem excessivamente racional de execução de estratégia, muitos escritores são a favor da estrada "mudar o comportamento" porque, de modo geral, considera-se que é mais rápido do que mudar a perspectiva ou mentalidade de alguém. Modelo após modelo,[30] o que passa na cabeça de uma pessoa está bem no fim da lista de coisas a tratar na execução de uma estratégia. A justificativa é que você pode mudar o comportamento das pessoas avaliando-as e premiando por novos comportamentos que você quer ver, isto é, mudando o sistema de avaliação de desempenho. E funciona, até certo ponto. Até o ponto em que você sabe que nem todo sistema de gestão de desempenho premia os comportamentos certos (em oposição a obter resultados corporativos). E nem todo sistema de gestão de desempenho é usado apropriadamente (pode acabar como um exercício anual de múltiplas alternativas, em vez de ser usado para o gerenciamento diário).

Idealmente, queremos que todos acreditem na nova estratégia e que adquiram um senso de posse de sua execução. A vantagem da posse é que, como líder, você não precisa vigiar constantemente as pessoas para garantir que elas estão em conformidade com a execução da estratégia. A conformidade está no extremo errado da escala porque significa que as pessoas só farão o que está sendo pedido enquanto você as observar. Assim que você parar de monitorá-las, elas vão regredir. Consome tempo e é frustrante. No outro extremo da escala está o comprometimento. Comprometimento significa que as pessoas aceitaram plenamente o que deve acontecer. Elas avançam na execução sem supervisão. E uma vez que você consegue mudar a maneira de pensar de uma pessoa, o comportamento dela irá mudar de acordo. Se as pessoas adquirirem um senso comprometimento e posse, agirão sem a necessidade de monitoramento. Quão difícil é mudar a forma de pensar de uma pessoa em vez de começar mudando o comportamento primeiro?

Ajudando as pessoas a acreditar no que é certo

A boa notícia é que existe uma ferramenta psicológica simples e fácil à disposição dos líderes, e Rometti a utiliza. O termo técnico para ela é "dissonância cognitiva",[31] que é uma forma sofisticada de dizer que nosso cérebro humano prefere acreditar em uma coisa por vez. Por exemplo, se você gosta de pessoas generosas, e um amigo é muito cuidadoso com dinheiro, você tem duas escolhas: se livrar do amigo ou se convencer de que o amigo não é realmente parcimonioso em tudo. Entra a dissonância cognitiva e seu cérebro precisa decidir de que lado da cerca está. Uma ilustração clássica da dissonância cognitiva nos é proporcionada pela fábula *A Raposa e as Uvas*, de Esopo (cerca de 580 a.C.), em que uma raposa vê algumas uvas no alto da videira e quer comê-las, mas não consegue alcançá-las. Então a raposa decide que talvez não valha a pena comer essas uvas que podem não estar maduras ou até mesmo ser azedas. Este exemplo segue o padrão: você quer uma coisa, acha que é inatingível, então diminui sua dissonância, descartando ou criticando essa coisa. Se você não consegue diminuir ou eliminar a dissonância, estará em desequilíbrio e experimentará toda uma gama de reações emocionais, tais como frustração, medo, culpa ou ansiedade. Todos nós somos motivados a diminuir a dissonância ou eliminar o desgaste de ter uma opinião que não corresponde à dos outros.

Como isso ajuda você, como líder, a executar uma estratégia? Assim como Rometty, você precisa demonstrar uma crença ou um propósito instigante que as pessoas queiram aceitar. Se as pessoas acreditarem no propósito como um todo e você puder mostrar como as práticas e o comportamento atual delas não está de acordo, elas se sentirão felizes em mudar de comportamento para se livrarem da dissonância. A crença ou propósito não é um objetivo ou uma meta ou um conjunto de métricas. É algo visionário, direcional e amplo o bastante para muitos aceitarem. Torne este algo desejável e alcançável (ao contrário das uvas). Isso estimula o desejo e motiva a ação.

Mais do que carisma

Para implementar a mudança, é claro, você precisa dar continuidade e assegurar que os sistemas (como o sistema de premiação) e as estruturas (como o escopo de tomada de decisão de cada indivíduo) correspondam ao propósito. Abordaremos esses aspectos em mais detalhes no Capítulo 5. Também é preciso assegurar que as pessoas tenham a capacidade individual de executar (treinamento) e elas precisam ver você agindo de uma maneira que respalde o propósito também.[32] Mas em vez de tornar a conformidade dos sistemas e do comportamento seu passo inicial padrão, você os torna o segundo ou o terceiro passo da execução da estratégia. Se preferir, você está começando sua jornada de mudança pelo topo da hierarquia das necessidades de Marlow,[33] por nosso instinto humano para crescimento pessoal e autoconhecimento, em vez de pela base, o território da sobrevivência e da conformidade.

Isso não é uma argumentação a favor da liderança carismática. Por mais envolventes que sejam os líderes carismáticos, ao recorrerem exageradamente ao poder de sua personalidade para conseguir que as coisas sejam feitas, deixam um vazio quando seguem adiante. A continuidade na implementação da mudança por meio de sistemas e estruturas pode nunca acontecer. No entanto, isso é um argumento a favor de oferecer propósito e significado para as pessoas em vez de fatos e números, para engajar os esforços arbitrários delas na execução da estratégia.

Proporcione significado

Você conhece a história apócrifa sobre a construção de uma catedral? Ela é atribuída a diversas pessoas (até mesmo a Wikipédia não identifica sua autoria) incluindo Sir Christopher Wren quando supervisionava a construção da Catedral de St. Paul em Londres, concluída em 1710. É perguntado a três cortadores de perda, ocupados em seu trabalho, o que estavam fazendo. Um deles responde "Estou cortando pedra", o segundo diz "Estou cortando este bloco de pedra para assegurar que fique quadrado e que suas dimensões estejam uniformes, para que se encaixe perfeitamente em seu lugar na parede". O terceiro cortador de pedra, que visivelmente é o trabalhador mais feliz, responde, "Estou construindo uma catedral". O terceiro cortador de pedra vê uma relação direta entre o trabalho que está fazendo e a visão maior que está ajudando a alcançar e, portanto, é o mais motivado e engajado em seu trabalho.

Esta ligação entre significado (por que estou fazendo este trabalho) e o trabalho propriamente dito (o que estou fazendo) remonta a 1976, quando pesquisadores identificaram três aspectos críticos que imbuem significado a um trabalho.[34] Eles são a variedade de competências (quantos aspectos diferentes do trabalho devo dominar), a identidade com a tarefa (o quanto me identifico com a tarefa) e o significado da tarefa (quão importante é a tarefa). Os dois primeiros cortadores de pedra possuem as duas primeiras habilidades – competência e amor pela tarefa. Mas apenas o terceiro cortador agrega a terceira habilidade, o significado e a importância de sua tarefa na construção da catedral. Portanto, ele é o mais motivado dos três. Então, como líder, seu primeiro passo para criar significado para os outros e ajudá-los a ver a ligação entre o que estão fazendo e o que isso contribui para a visão geral em sua organização.

Uma pesquisa recente conduzida por Teresa Amabile e Steven Kramer, acrescenta um outro aspecto que sustenta o significado no trabalho.[35] Em seu livro, eles descrevem um estudo comparativo e concluem que de todos os eventos que podem engajar mais profundamente as pessoas em seu trabalho, o mais importante é o senso de fazer progresso em um trabalho com significado. Amabile e Kramer explicam que o progresso pode ser tão pequeno quanto passos incrementais adiante (pequenas vitórias). Da mesma maneira que conhecemos o poder de gerenciar em contato com as pessoas, também entendemos a importância de celebrar pequenas vitórias. Pequenas vitórias estimulam o que eles chamam de "vida de trabalho interior". A vida de trabalho interior, ou as emoções, motivações e percepções individuais relacionadas ao trabalho, tem impacto sobre a criatividade, o comprometimento e a cooperação e esses três têm um impacto direto sobre o resultado final.

Agora você tem uma receita prática. Se conseguir assegurar que as pessoas as quais lidera possam enxergar como o trabalho que fazem proporciona uma contribuição importante e também que adquiram um senso de progresso consistente, elas se sentirão mais motivadas e seu resultado final será aprimorado.

Apenas crianças grandes, realmente
Não é verdade que você já sabe disso? Como pais, tios, tutores ou avós, não é assim que criamos as crianças para se realizarem e terem sucesso? Explicamos para elas como estudar para aquela terrível prova de ma-

temática as ajudará a entrar na faculdade ou a conseguir um trabalho (aprender a enxergar além), e premiamos seu progresso com estrelinhas douradas ou outros pequenos e simples símbolos de reconhecimentos de sucesso. Crescemos, em idade e maturidade, mas nossa psicologia humana básica permanece a mesma. Continuamos motivados por um *feedback* que demonstra nosso progresso e queremos entender porque a tarefa em que estamos engajados é importante. O problema é que, conforme crescemos, confundimos ser mais adulto com ser mais sério e baseado em fatos e evidências. Não parece ser um comportamento "adulto" esperar receber os pequenos reconhecimentos de sucesso de quando éramos crianças. Certamente, já superamos isso a esta altura. Não é infantil precisar de *feedback* ou de reconfirmação? Não deveríamos ter nos tornado mais maduros, independentes e autossuficientes?

Na verdade, não.

Como líder, seu impacto é desproporcional, portanto é fácil você criar ou destruir um significado para as pessoas no trabalho. Para criar significado, é importante valorizar as ideias dos outros, ajudar as pessoas a terem um senso de realização e conclusão e ajudá-las a associar o que fazem diariamente com o que a organização vai alcançar ao longo de muitos anos. Conforme Amabile e Kramer dizem, "Um senso de propósito no trabalho e uma ação consistente para reforçar devem vir do topo".[36]

Coloque o significado em primeiro lugar

A palestra de Simon Sinek na TED teve mais de 10 milhões de acessos. Seu título era "Como Grandes Líderes Inspiram a Ação". Com uma ideia surpreendentemente simples, ele explica como líderes excepcionais, de Steve Jobs da Apple a Martin Luther King, se destacaram pela maneira como se comunicavam. Na trilogia "o que, como e por quê", o líder convencional conta a história nesta ordem. Entretanto, grandes líderes começam com "por que" e só depois explicam o "como" e o "o que". Em essência, os grandes líderes começam com a causa, o propósito, a crença. Eles colocam o significado em primeiro lugar.

O problema é que o motor do mundo racional e analítico gira no sentido inverso. Costumamos começar pelo objetivo final (por exemplo, um aumento de 20% na penetração em economias emergentes). Depois passamos para como alcançar isso, definindo metas e tarefas, e identificando e superando obstáculos. Em seguida, procuramos assegurar que a organização esteja comprometida com o sucesso alinhando estruturas e sistemas para reforçar uma realização eficiente de tarefas. Vamos direto para a cabeça. Propósito e significado geralmente são deixados totalmente de fora do ciclo, ou talvez coreografados na apresentação planejada e orquestrada do CEO para a conferência anual de estratégia.

Pense diferentemente

Pensar diferentemente é como se cria propósito e significado no trabalho. Se queremos que as pessoas adquiram um senso de posse da execução da estratégia, em vez de simplesmente estarem em conformidade com isso, precisamos mudar a forma como elas pensam sobre isso. Começamos pelo propósito – por que a atividade é importante, não o que é a atividade. Elas precisam enxergar a execução da estratégia como um trabalho poderoso do qual são donas. Depois, devemos criar significado, que é uma conexão pessoal com o propósito maior. Para sentir o significado, as pessoas devem considerar as tarefas que realizam como significativas e associadas a um propósito maior. E por fim, conforme avançam, precisamos comemorar pequenos sucessos e vitórias para tornar o progresso tangível.

Para executar uma estratégia, confie em seu instinto e comece pelo propósito para criar apelo diretamente no coração daqueles que devem lhe seguir.

Resumo

Neste capítulo fizemos um exame extenso e detalhado do novo conjunto de competências que os líderes necessitam para estimular todos a executar a estratégia. Concluímos que a maioria das estratégias são planejadas em excesso, porém, mal conduzidas. Os líderes são inteligentes e isso é positivo. O enigma que enfrentamos é que implementar uma estratégia significa importar mudança para a organização, e a resposta humana à mudança é emocional, não intelectual ou racional. Sua força intelectual pode se tornar uma fraqueza se isso for tudo o que você emprega para convencer as pessoas a mudar. É uma perda de coração.

Em vez de recorrer demais à análise racional e à lógica, certifique-se de que sua inteligência emocional está tão desenvolvida e sedimentada quanto seu QI. Especificamente, procure entender as reações emocionais que todos experimentamos quando nos deparamos com mudanças e então aprenda a lidar apropriadamente com cada estágio do processo de mudança desenvolvendo *insight* social e empatia. Isso não diz respeito a ser "suave". Diz respeito a ser eficiente. Alguns gramas de crença valem uma tonelada de apresentações PowerPoint impenetráveis. Ajudar as pessoas a navegarem pela mudança é um trabalho emocional. Os líderes devem ser influenciadores, persuasivos, pacientes, calmos e ter controle de suas próprias emoções. A maioria dos livros de negócios recomenda "comunicar, comunicar, comunicar", nós recomendamos "conectar, conectar, conectar". Não se trata de transmitir, mas de engajar. Acima de tudo demonstre como está confiante no sucesso das pessoas, porque elas terão um desempenho melhor se você for capaz disso.

Se quer que as pessoas estejam tão comprometidas com a mudança quanto você, fale sobre o propósito maior que a organização está perseguindo. Ajude-as a criar conexões entre este propósito e o que fazem diariamente no trabalho para acrescentar um verdadeiro significado a sua rotina de trabalho. Se elas conseguirem enxergar esta ligação, estarão comprometidas com a mudança, e você saberá que pode confiar nelas para fazer o certo. A execução da estratégia não irá apenas começar, irá se fixar.

Com nosso kit de ferramentas de execução de estratégia para mudança definido, vamos passar para o Capítulo 4 e abordar como podemos usar essas competências para instilar uma cultura de execução.

4

Estimulando as Pessoas

Liderança é algo difícil de definir e uma boa liderança mais ainda. Mas se consegue fazer as pessoas lhe seguirem até os confins do mundo, você é um grande líder.
— Indra Nooyi

Swanborough Tump

O nome de solteira de Liz Mellon é Swanborough. Embora o nome tenha uma aura aristocrática, na verdade, é puramente camponês, datando de um período anterior a 800 d.C. Em 871, o rei Alfredo e seu irmão Ethelred se reuniram em Swanborough Tump para arregimentar um grupo de combatentes para responder aos dinamarqueses que estavam atacando Wessex a partir de sua base em Reading. Tump é o local de reunião (ou de debate) de Swanborough Hundred, uma colina (na verdade, uma elevação da Idade do Bronze) no condado de Wiltshire e mencionada no testamento do rei Alfredo. O termo *Swana beorh* aparece em um documento oficial do ano 987 e acredita-se significar "colina dos camponeses".

Hundred (cem ou centena) era a divisão geográfica utilizada anteriormente na Inglaterra, País de Gales, Dinamarca, sul da Austrália e em algumas partes da Europa e dos Estados Unidos. Subdividia uma região maior em pequenas áreas administrativas. Na Inglaterra e no País de Gales, o *hundred* era a subdivisão de um condado para fins administrativos, militares e jurídicos regidos pela legislação local. Os *hundreds* eram amplamente usados como o único intermediário entre a paróquia e o condado até a introdução dos distritos pelo Ato Governamental de 1894. Originalmente, quando introduzido pelos saxões entre 613 e 1017, um *hundred* possuía terras suficientes para sustentar 100 domicílios, definido como a terra abrangida por 100 "hides"* e era liderado por cem homens ou cem anciãos. Nenhuma subdivisão do distrito de Swanborough chegou a ser maior do que uma vila e atualmente inclui várias delas como Wilcot, Manningford Abbots e Stanton St. Bernard.

Qual o sentido desta história esotérica? O Tump era o local de reunião de 100 unidades, cujo tamanho variava de um domicílio a uma aldeia, cerca de 24 vezes por ano. Nas reuniões, impostos eram definidos e pagos, combatentes se reuniam para a guerra, disputas eram mediadas e acertadas e uma variedade de decisões legais eram tomadas.

De forma semelhante, as empresas e organizações atuais são um conjunto de unidades, ou aldeias. Não se trata apenas da Aldeia sênior (os 100 principais) e de como eles se comunicam com os outros. Trata-se de como todo um conjunto de aldeias (unidades de negócios, funções, divisões geográficas e diferentes níveis de gerência) pode manter uma comunicação e trabalhar em conjunto para tomar decisões e definir prioridades. Nosso desafio moderno é conseguir isso em larga escala e em uma abrangência geográfica muito maior.

O Tump em ação

Existe um excelente exercício de gestão para execução de estratégia. Imagine a cena. Uma sala com 35 executivos, divididos em três grupos de tamanhos diferentes. O grupo maior sai da sala primeiro e é levado para um outro local com uma grade misteriosa sobre o chão. Os membros deste grupo representam os trabalhadores, mas eles não têm diretrizes sobre o que devem fazer. O segundo grupo parte para um local diferente, insípido e anônimo, com instruções extremamente sucintas sobre atuar como gerência média, os intermediários entre os trabalhadores e o terceiro grupo são os executivos seniores. Os membros do terceiro grupo e menor de todos são levados para uma sala pequena, longe dos outros dois grupos. Seu ambiente é confortável, quase luxuoso, com uma cesta de frutas, café e bolos. Eles contam com um conjunto completo de instruções para a tarefa, que devem cumprir nos próximos 45 minutos. Eles

---

* Hides, em inglês britânico arcaico, eram esconderijos, tais como arbustos ou outro tipo de vegetação baixa, que os caçadores usavam para caçar principalmente aves. (N. T.)

são os únicos que sabem o que devem fazer. Foram escolhidos aleatoriamente como líderes, e precisam decidir rapidamente como liderar sua minúscula organização de 35 pessoas na execução da estratégia que têm em mãos. Cada grupo recebe meios para se comunicar com os outros.

Em 80% das vezes, o exercício termina sem que o objetivo seja atingido. A tarefa, explicada por completo para o grupo menor e mais sênior, nunca é concluída. Em essência, a execução da estratégia fracassa. Por quê? Cada grupo tem um papel próprio a desempenhar, que pode levar ao sucesso ou ao fracasso. Geralmente, o grupo mais sênior falha em se comunicar com clareza, ou rapidez suficiente, com os outros dois grupos, e suas mensagens são muito confusas e fragmentadas para fazerem sentido. Ou, às vezes, os membros desse grupo tentam conduzir o exercício de forma estritamente controlada (estritamente demais) a partir de sua sala. Em outras ocasiões falta a eles um senso de urgência, e então as tarefas são executadas de forma muito morosa para respeitar o prazo.

Nem sempre são os executivos seniores que levam ao fracasso do exercício. Às vezes, o segundo grupo formado pela gerência média intensifica ou confunde os esforços do grupo sênior. A gerência média pode atuar como uma caixa de correio, levando mensagens de um grupo para outro, que falham em acrescentar contexto e significado – na ausência de valor percebido, suas exortações são ignoradas. Em outras ocasiões não são claros o bastante com o grupo sênior sobre a informação e é de clareza que precisam para avançar para a ação. Frequentemente estão descoordenados e não conseguem chegar a um acordo comum sobre o que precisa ser feito. E mesmo que os seniores e a gerência média ajam rapidamente e estejam de acordo, ainda assim o exercício pode fracassar. Às vezes, o terceiro e maior grupo de trabalhadores não atua da maneira certa. Esse grupo está sempre disposto a ir em frente e fazer algo. Na ausência de instruções, seus membros criam atividades que os mantêm ocupados, mas que suspeitam que não tenham significado. Quando finalmente recebem instruções claras, já é tarde demais para desviar os trabalhadores da atividade em que estavam envolvidos para se manterem produtivos enquanto os times mais seniores prevaricavam e debatiam. Ou, às vezes, quando as instruções chegam, eles as reinterpretam, sacrificando a ação em função do debate. Em outras ocasiões, são muito avessos ao risco para avançarem com a velocidade e a convicção necessárias para atender ao prazo.

QI não ajuda

Não importa a razão ou o nível organizacional que levou ao fracasso, o QI coletivo de aproximadamente 4.375 pontos não é de nenhuma ajuda para fazer uma tarefa simples ser concluída.[1] No pior cenário, a sala irrompe em recriminações e acusações sobre de quem foi a falha. No melhor, todos os executivos olham no espelho que o exercício segura para eles e se veem não atendendo às expectativas. Indecisos demais, lentos demais, confusos e avessos ao risco. E se não conseguimos ser bem-sucedidos em um grupo de apenas 35 pessoas, o exercício nos ensina muito sobre os verdadeiros desafios que enfrentamos na execução de estratégias numa empresa global com milhares de empregados espalhados por muitos países.

O exercício trata de comunicação, posse e continuidade. O mesmo ocorre nas empresas de verdade, quando tentamos fazer a estratégia se concretizar. E o índice de fracasso é alto. Em um estudo conduzido com 125 mil empregados representando mais de mil companhias, agências governamentais e empresas sem fins lucrativos em mais de 50 países, em três de cada cinco organizações, os empregados avaliaram sua organização como fraca em execução.[2] Quando perguntados se concordavam com a afirmação: "Decisões estratégicas e operacionais importantes são transformadas rapidamente em ação", a maioria respondeu "não".

Podemos fazer melhor

Trata-se sempre de comunicação. É uma questão de matemática. A formulação e o desenvolvimento da estratégia ficam nas mãos de um pequeno número de executivos seniores – em sua maioria Anciãos. Mas execução significa que estes planos devem ser comunicados, interpretados, reinterpretados, reestruturados e reposicionados na realidade diária dos milhares de empregados. A maior parte quer simplesmente estar presente, fazer um trabalho decente e se sentir apropriadamente valorizada por sua contribuição. Eles podem não entender ou mesmo não se importar com as dificuldades e os desafios enfrentados pelos executivos seniores ao decidir sobre suas quatro ou cinco prioridades estratégicas. Eles apenas querem ir adiante e realizar aquilo que pensam que estão lhes pedindo que façam. O problema é que o que parece óbvio para o CEO e para o time executivo está longe de ser óbvio para as massas nas profundezas da organização. A menos que seja explicado de forma simples e clara, nos times e nas redes a partir da Aldeia dos 100 para baixo, eles encontrarão maneiras de fazer as mensagens estratégias se adequar a seu mundo. Na ausência de direcionamento, eles não vão simplesmente sentar e esperar, e, com a melhor das intenções, podem tomar a direção errada. Portanto, é um jogo de comunicação e mais – diz respeito a se conectar através de uma comunicação bilateral.

Também diz respeito definitivamente a senso de posse. Na execução de estratégias, aqueles próximos ao topo da pirâmide organizacional trabalham mais confortavelmente com estruturas abrangentes e definições vagas do que é requerido. Eles gostam de ter flexibilidade para ajustar e adaptar se os resultados forem diferentes daqueles previstos. Eles adotam uma visão holística e se sentem confortáveis em lidar com a ambiguidade. Bem distante desta visão de helicóptero, as definições se tornam cada vez mais precisas para assegurar uma aderência total à chamada para mudança. Existe muito menos espaço para manobras e desvios da abordagem prescrita e do processo. Mas isso é um erro. Assim como quando o exercício da gerência fracassa, é porque os principais executivos gerenciam a execução por meio de um controle rígido e de instruções explícitas. As pessoas não têm espaço de manobra e então começam a se sentir como dentes desencaixados da engrenagem. Não conseguem ver como suas ações contribuem para o propósito e para o bem maior da organização e perdem o entusiasmo e o interesse.

Deveria ser o oposto.

Os anciãos precisam se disciplinar a concordar em quatro ou cinco prioridades e assumir responsabilidade por elas, e ao mesmo tempo dar liberdade para aqueles que estão tentando executar a estratégia para improvisar quando necessário. Então para reverter isso, a coisa certa a fazer é ter senso de posse, no nível certo. É a dar autonomia e assumir responsabilidade.

Mas em sua essência, diz respeito à continuidade. A escala de tempo para a estratégia e a execução foi invertida na última década. A estratégia costumava estar relacionada a uma visão de longo prazo, alimentando uma jornada bem documentada de 5 a 10 anos. Era a execução que levava você de um avanço a outro a cada ano desta jornada. Mas uma combinação de escândalos como o da Enron, a crise financeira de 2008, a constante troca no poder e negócios de leste a oeste e de norte a sul e a eternamente voraz Internet encolheram a escala de tempo da estratégia além do imaginável. Existe tanto ruído no sistema que os executivos perderam a confiança em sua habilidade de atacar o longo prazo com vigor. Uma das citações famosas de Peter Drucker é "A melhor maneira de prever o futuro é criá-lo".[3] A turbulência do mundo moderno parece ter eliminado o apetite para criar o futuro e encurtado o horizonte executivo para simplesmente sobreviver no futuro.

Conectando para uma cultura de execução

Jeremy Pelczer, presidente da WaterAid e ex-CEO da American Water é inequívoco. Uma das frases que aprendeu e que mais o impactou é: "A cultura tem como café da manha estratégia". Portanto, é bom entendermos bem o que é cultura. Caso contrário, não importa quão brilhante seja nossa estratégia, não iremos a lugar algum.[4]

Ouvimos muito sobre desenvolver uma cultura de execução sem sabermos ao certo o que isso de fato significa. Comunicação, senso de posse e continuidade. Essa é a receita de uma cultura de execução. Estamos tentando criar uma cultura na organização que respalda e incute a execução em vez de inadvertidamente lutar contra ela. Vejamos cada um dos componentes por vez, começando pela comunicação – a necessidade humana de se conectar.

É um jogo de comunicação

Uma das coisas mais notáveis sobre John Chambers, CEO da Cisco, é sua habilidade de se comunicar, de realmente se conectar com os outros. Ele entende a importância da comunicação e a pratica o tempo todo. Sua liderança e visível e veemente. Ele irá falar até ficar rouco. Um vídeo memorável dele como anfitrião de um café da manhã comemorativo de aniversário na Cisco (se você faz anos naquele mês pode participar) respondendo a uma pergunta desafiadora sobre mudança. É necessário mais mudança? A resposta de Chamber é uma aula magna em si. Se lhe fizessem esta pergunta o que você responderia? Você teria uma resposta pronta, com três ou quatro boas razões por que a mudança nunca para?

Neste caso, você estaria se comunicando unilateralmente, não se conectando de fato.

Chambers é apaziguador. Ele não tenta impor sua realidade para a mulher, que tem trabalhado muito e está visivelmente esgotada. Sua resposta é uma pergunta. "Quem aqui acredita que continuamos precisando mudar?" Uma multidão de mãos levanta em concordância. As pessoas são inteligentes e vividas; elas não precisam de que lhes explique por que a mudança nunca para, e a resposta dele é como um tributo demonstrando sua compreensão do quanto inteligentes e realistas essas pessoas são. É uma aula magna em comunicar e mostrar o impacto poderoso de uma simples pergunta.

Elimine a cascata

A comunicação categoricamente não é unilateral e nem sempre é do topo para a base. Achamos que a informação em cascata deve ser eliminada. Ele implica que a informação deve fluir do topo para baixo. Na verdade, uma comunicação rápida, honesta e aberta deve fluir livremente em todas as direções.

Vamos revisitar o exercício de gestão pelo qual começamos. Quando os executivos seniores recebem as instruções completas sobre como deve ser o jogo, eles se fecham em seu próprio mundo conforme tentam definir o que devem fazer. Eles querem entender claramente a tarefa antes de comunicar qualquer coisa (afinal, eles são executivos seniores e têm uma reputação a zelar). O resultado é que conversam entre si tempo demais e negligenciam seus empregados. O impacto desta falta de comunicação faz a gerência média parecer e se sentir desorientada. Eles vão de um lado para outro entre os executivos seniores e os empregados sem nada para dizer, mas com desejo de agir, conforme são instruídos, como um conduíte entre os dois grupos. Isso é atividade sem contexto e, portanto, sem significado. Os trabalhadores, enquanto isso, preenchem o vazio decidindo por si próprios o que precisa ser feito. Toda vez que os gerentes entram em sua sala, eles pedem instruções: "Qual é nosso objetivo? Qual é nossa tarefa? O que devemos fazer?". E toda vez que não conseguem uma resposta clara, perdem a fé na capacidade da gerência média de agregar valor e então desconsideram a opinião desses gerentes e continuam a fazer o mesmo até o fim do exercício. Uma vez que alguma informação começa a chegar, a ação tende a passar para o nível dos trabalhadores, conforme eles se esforçam para concluir a tarefa sob pressão do prazo. Há um senso de crise porque o tempo restante é muito pouco, mas uma vez que a tarefa fica clara, eles imediatamente fazem sugestões sobre como melhorar a eficiência da execução. Eles querem fazer um bom trabalho. Agora são os executivos seniores que se sentem isolados e fora do ciclo de comunicação. Desesperados por um *feedback*, permanecem solitários e incertos enquanto esperam por uma confirmação do progresso rumo às metas estratégicas que definiram. Os executivos seniores sentem que perderam o controle quando não têm um retorno. Uma comunicação eficiente é um fluxo constante, para frente e para trás, de cima para baixo, de um lado para outro.

Continue falando

É impressionante quão próximo um simples exercício de 45 minutos pode chegar da vida real no trabalho. Cada um dos três grupos fica de fora do ciclo de comunicação em algum momento do exercício, com resultados ruins em cada caso. Quando isso acontece com os executivos seniores, eles perdem a noção se sua estratégia está sendo executada, ficam nervosos e sentem que o controle lhes fugiu das mãos. Quando acontece com a gerência média, eles não conseguem agregar valor e, portanto, se sentem humilhados. Quando acontece com os trabalhadores, eles se engajam em uma atividade, mas sabem que ela provavelmente não tem significado, por isso se tornam truculentos e desafeiçoados. Como podemos criar a versão moderna do Tump, onde a informação pode ser compartilhada publicamente entre as diferentes aldeias e onde interesses conflitantes podem ser facilmente redimidos?

Isso nos lembra fortemente que a comunicação é um fluxo de duas vias. Não é suficiente que os executivos seniores instiguem uma cascata de informações – rápida – do topo para a base da organização. É vital que haja um ciclo de *feedback* para o topo também.[5] Será que todos entenderam o que precisa acontecer? As pessoas estão desempenhando os papéis certos? Quais evidências temos de que a estratégia está funcionando? Só podemos responder essas perguntas se conversarmos entre nós em todos os níveis da organização. Uma comunicação eficiente é um diálogo, não um monólogo.

A comunicação pode se tornar uma espiral positiva ou negativa, e cada nível gerencial possui um papel diferente e específico a desempenhar para fazer com que ela funcione. Obviamente, a maioria das organizações tem mais do que três níveis, mas vamos simplificar as coisas aqui pensando em apenas três: conectar o topo, o meio e aqueles mais próximos da ação na base.

Conectando-se a partir do topo

O CEO e o time executivo se reuniam periodicamente por dois dias com executivos da Aldeia (os 100 principais) selecionados. O objetivo era que os executivos entendessem a nova estratégia prestes a ser lançada pela companhia. Era em parte um processo de instrução e em parte um processo de motivação e retenção (os executivos se sentiriam especiais, com acesso privilegiado a informações internas). Conforme se reuniam em pequenos grupos em uma variedade de configurações mutáveis, os executivos disparavam perguntas e observações. Cada observação era esmeradamente explicada e cada pergunta respondida pelos Anciãos.

Para um observador externo, a dinâmica era óbvia. Os membros do time executivo pensavam que as perguntas que lhes faziam eram de esclarecimento e, portanto, as respondiam com grande detalhe e profundidade. Era surpreendente que nenhum deles anotasse o que os executivos estavam dizendo, e simplesmente continuavam expandindo os temas. Os Aldeãos estavam na realidade tentando, de forma educada e compromissada, indicar lacunas evidentes sobre como a estratégia de fato funcionaria na prática nas diferentes localidades geográficas atendidas pela companhia. Havia algumas suposições problemáticas sendo feitas pela matriz que resultariam em incoerências no mercado. Em suma, havia aspectos desta estratégia que simplesmente não funcionaria na prática.

O time executivo via como seu papel comunicar, isto é, expor e explicar. Eles haviam esquecido que a comunicação real é uma troca, uma verdadeira troca.

A despeito do mundo complexo e ambíguo em que vivemos hoje, com dados livremente disponíveis a todos e uma habilidade disseminada de usar a experiência para transformar esses dados em informações úteis e valiosas, subsiste uma premissa inerente de que os executivos seniores sabem mais. Simplesmente não é assim. Não é função deles explicar para o resto da organização o que deve acontecer. O time executivo deve se ver como uma das aldeias se reunindo no Tump. Seus membros têm a sua disposição informações que os outros não têm, mas precisam reconhecer que as outras aldeias estão exatamente na mesma situação. Diz respeito a entender que cada aldeia participando da reunião tem um papel de mesmo valor na execução da estratégia – papéis diferentes, mas com o mesmo valor.

Use o dialeto local
É claro, os aldeãos mais seniores devem tomar a decisão final, mas só será uma boa decisão se levarem em consideração a realidade que somente os outros aldeãos conseguem ver. A Aldeia dos 100 principais tem um dialeto próprio, assim como todas as aldeias (assim como o financeiro, vendas, marketing, etc., todos têm sua própria linguagem). O truque é ser poliglota. E não se trata apenas de falar o idioma certo. Trata-se também de dizer algo com a frequência suficiente para que todos passem de ouvir para, de fato, entender. Com muita frequência, Anciãos e Aldeãos pensam que falaram alto e claro o suficiente, quando na realidade não o fizeram.

Nem todo mundo tem o dom
Nem todo mundo é um comunicador por natureza. Irene Dorner, presidente e CEO do HSBC America, sabe que comunicar a estratégia é vital, portanto ela não iria deixar nenhum de seus Anciãos desconectados. Ela tem sensibilidade para conhecê-los bem o bastante para oferecer ajuda: "Falei com dois seniores, com os quais sabia que teria dificuldade de me comunicar com clareza; um deles arrumou um *coach*, o outro assumiu a tarefa de apresentar a estratégia, mas delegou a apresentação para outra pessoa mais capaz".[6] Mesmo quando falta a um executivo sênior, como esses homens, a capacidade de desenvolver competências para uma boa comunicação, ainda assim ele deve ter a posse da comunicação da estra-

tégia, embora não a transmita pessoalmente. A alternativa é insustentável – deixá-lo de fora. Por mais comprometido que esteja com a estratégia, surgirão rumores de que seu silêncio se traduz em dissensão. Se as pessoas começarem a acreditar que os Anciãos não estão passionalmente comprometidos com a estratégia, sua execução se tornará opcional.

Seja memorável

As histórias são 22 vezes mais memoráveis do que fatos e números sozinhos.[7] Contamos histórias para nossos filhos para lhes ensinar lições de vida que sejam facilmente lembradas, e as histórias nas organizações servem para o mesmo propósito. Histórias são povoadas por heróis, heroínas e vilões. Elas evocam valores e explicam regras tácitas do jogo. Elas nos ajudam a associar o que fazemos cotidianamente com a meta que a empresa quer alcançar. É a antítese da longa apresentação PowerPoint com organogramas, números, tabelas elaboradas e atraentes, mas pouco memoráveis. Nossas histórias precisam ser críveis.

Intermediando – não seja uma caixa de correio

O desafio da aldeia de gerência média é agregar contexto e significado às mensagens que vêm do topo. Isso não significa passar adiante o que você acabou de ouvir para que os outros ouçam a mensagem idêntica. Pense sobre isso por um momento. Da última vez que você recebeu uma informação crítica vinda da sala do CEO, o que fez com ela? Se foi um e-mail, você o encaminhou para os principais colegas? Se foi uma apresentação, você compartilhou os slides importantes com os outros? A questão central aqui é como você ajudou os outros a encontrar sentido na informação e descobrir como aplicá-la a suas tarefas. A razão pela qual esta abominável cascata de informação se torna um gotejamento é que, quanto mais distante fica da fonte, menos significado tem – a menos que todos os envolvidos vejam como seu papel agregar significado conforme a informação passa por suas mãos. Isso não significa adicionar uma interpretação pessoal ou opinião ou mesmo dizer para as pessoas o que fazer. Significa ajudar os outros a entenderem o contexto em que a decisão foi tomada e a abordagem adotada e a pensarem em como ela se aplica a eles e como suas tarefas podem se adequar em resposta. Se passamos a informação adiante, mas as pessoas não mudam o que fazem como resultado da nova informação recebida, então nada muda. A estratégia não será executada.

O desafio para a gerência média geralmente é acreditar que tem influência ou importância na cadeia de execução. De modo geral eles nem executam o trabalho nem tomam a decisão de qual trabalho deve ser executado. No entanto, seu trabalho de tradutores é crítico. Em sua forma mais simples, a linguagem do time executivo (um aumento de 15% em vendas de valor agregado para clientes da geração Y nos próximos 18 meses) precisa fazer sentido para aqueles que estão tentando fazer isso acontecer ("Nesta região, no marketing, precisamos redirecionar imediatamente 23% de nosso orçamento de domicílios providos por pessoas com idade entre 45 a 59 anos para mensagens dirigidas a domicílios providos por pessoas com idade entre 20 a 30 anos.") A gerência média tem um papel crítico no ciclo de comunicação transmitindo inteligência e informações, não apenas dados, para a organização.

Vale a pena repetir: toda aldeia tem valor igual e diferente no Tump.

Teste de realidade vindo da linha de frente

Se a decisão não funciona na prática – isto é, quando as pessoas tentam ajustar suas tarefas em resposta e isso não funciona para os clientes – esta é uma informação importante a ser enviada para cima. Os estrategistas e o time executivo precisam de um teste de realidade vindo da linha de frente sobre a viabilidade da execução. Se a estratégia francamente perseguida não funciona na prática, então está errada. Precisamos resolver isso antes que nossa concorrência faça, portanto é crítico assegurar que existe um mecanismo eficiente de *feedback* para o topo.[8]

Como você ajuda as pessoas a encontrar sentido na jornada da execução e nas exigências que serão feitas para elas? Como elas podem identificar e se engajar com sucesso em todas as mensagens e encontrar maneiras de converter comunicação em um significado real? Elas precisam do espaço e do lugar para conversar e se engajar. Isso significa não apenas em reuniões formais organizadas, mas "no ambiente delas" onde podem testar, discutir e lidar com as sutilezas. Existe uma necessidade de debate. Não se trata de dissensão; é um processo de interpretação que agiliza e melhora a execução. Por meio deste processo, as pessoas reinterpretam, reestruturam e reposicionam sua mensagem para adequá-la à realidade delas. Isso faz com que a mensagem se encaixe no mundo delas e cria significado à medida que é traduzida para o dialeto local e em exemplos.

Como Peter Drucker conclui tão sucintamente: "A coisa mais importante na comunicação é ouvir o que está sendo dito".[9]

Faça com que os Aldeãos se reúnam

Estamos falando sobre um fluxo livre de informações e o diálogo entre as várias aldeias de uma organização para que todos os aldeãos entendam o papel que sua aldeia deve desempenhar na execução da estratégia. O processo de adequação estratégica[10] foi desenvolvido pela Harvard, e esse processo pode ser usado para desenvolver um consenso sobre a direção estratégica da organização. As conversas incluem temas como se existe capacidade organizacional para executar a estratégia; como atitudes e comportamentos estão afetando o desempenho e a qualidade da liderança. Os Anciãos têm diversas reuniões com uma força-tarefa de adequação formada por gerentes com alto potencial selecionado por eles. Os membros da força-tarefa entrevistam os 100 executivos principais (a Aldeia) sobre a eficiência da organização. O processo de conduzir essas conversas francas aumenta a insatisfação com o *status quo* e contribui para uma mudança urgente.

Há debate e diálogo por toda a organização e um crescente entendimento de por que e como precisamos seguir em frente. Vamos examinar agora como passamos de um senso de posse e responsabilidade disseminado para a execução da estratégia.

Desenvolvendo o senso de posse

Idealmente, estamos agora numa posição em que os Anciãos tiveram a disciplina de concordar sobre quatro ou cinco prioridades e a se responsabilizarem por elas. Eles contam com regras rígidas e não negociáveis para o que é preciso fazer e que lhes permite monitorar o progresso e o desempenho e agir rapidamente caso necessário. Mais abaixo nos níveis organizacionais, essa rigidez foi relaxada e as regras se tornaram diretrizes e normas se tornaram modelos. Os Anciãos e a Aldeia dos 100 determinaram os princípios fundamentais, e todos os demais têm espaço para flexibilizar e ajustar para criar as conexões de que precisam para poder trabalhar em colaboração com os outros. Alcançamos um bom comprometimento através da experimentação, do aprendizado e da inovação em vez de conformidade relutante, erros repetidos e trapaça subversiva do sistema. Mas é preciso fazer mais. Cada um deve entender seu papel em particular no jogo para que o senso de posse seja disseminado por toda a empresa.

Vamos entender alguns dos fatores que agem contra e a nosso favor.

Desesperança aprendida age contra nós

Um colega conta uma história que é visceral e, portanto, memorável.[11] Ele cita um experimento com cachorros (se você ama cachorros, pule o próximo parágrafo – é uma história horrível.) Nesse experimento, o objetivo era testar a resiliência do cachorro e a capacidade de aprendizado. Um cachorro anda em uma jaula com o formato de um pequeno corredor, cercada de fios elétricos nos lados, no teto e no chão, isto é, sem saída. O primeiro estágio é eletrificar uma metade da jaula. Conforme o cachorro leva o primeiro choque, aprende rapidamente a ir apenas até o fim da primeira metade não eletrificada da jaula e voltar. O próximo estágio é trocar a metade eletrificada da jaula. O cachorro estressado aprende rapidamente a evitar o local em que estava primeiro e a andar na outra metade da jaula. Por fim, toda a jaula é eletrificada. A reação do cachorro inicialmente é violenta, conforme corre de um lado para outro tentando encontrar um lugar livre de sofrimento. Quando percebe que não há saída, deita no chão da jaula e choraminga. Ele desistiu de tentar. Aprendeu a não ter esperança.

Obviamente, ninguém vai ser eletrocutado para se tornar resignado no trabalho. Mas o equivalente mental pode acontecer. Não significa que iremos sofrer um dano físico, mas se nos dizem com frequência que nossa opinião não importa, em algum momento paramos de tentar opinar. Acabamos resignados. Como ninguém ouve ou liga, não vale a pena tentar contribuir. É o equivalente a pendurar nosso cérebro em um gancho na porta quanto entramos no trabalho (Henry Ford teria adorado).[12]

Trabalhamos para uma empresa em que há um forte senso de hierarquia e respeito por ela. Os executivos recebem graduações, isto é, são classificados em termos de senioridade e, portanto, de importância. É uma cultura de competição, em que os executivos competem entre si e exercitam o poder que detêm. Infelizmente, perdeu-se o equilíbrio, porque o respeito pela autoridade se transformou em resignação. A consequência negativa é que pessoas que conduzem empreendimentos pessoais importantes, isto é, conduzem lares, famílias e comunidades fora do trabalho, agem de forma submissa e resignada no trabalho. Pedem permissão e esperam ser mandadas. Sentem medo de cometer um erro pela repercussão que isso pode ter. Aprenderam a não ter esperança. Este é o típico lugar onde os executivos seniores precisam assinar uma solicitação de água para reuniões – um desperdício do tempo executivo.

Você tem mais poder do que imagina

Como é possível que pessoas que agem como adultos responsáveis em casa sejam como crianças submissas e obedientes no trabalho? Isso pode ser diferente?

A verdade é que: não importa onde esteja na hierarquia, você também tem poder. Pode não ser o poder do título ou da sala executiva ou de seu nome na porta, o poder vem de muitas fontes. Vem da informação e do *insight* que você tem; da *expertise* que você detém; de redes de contatos e relacionamentos especiais que você desenvolveu e de seu bom senso. Muito foco em título e posição como fonte de poder e, portanto, de influência leva as pessoas a adotar uma lente com angulação muito limitada para enxergar o mundo. Existem relações intricadas de interdependência entre os seres humanos que estão tentando fazer as coisas acontecerem, que estão tentando executar a estratégia. Aqueles com o título não conseguem fazer acontecer sem que todos os outros os acompanhem.

Faça sua auditoria de poder

"Se você se acha pequeno demais para causar impacto, experimente dormir com um pernilongo no quarto."[13] Entenda a maneira como você tem poder por direito e exercite este poder para o bem maior. O problema em esperar ser mandado, ou em receber permissão, é que você está retendo ou subestimando o que tem para oferecer. E no complexo ambiente corporativo de hoje, os mais seniores não têm todas as respostas ou o monopólio sobre entender qual o melhor caminho a tomar. Na verdade, a menos que você os ajude e guie, são grandes as chances de que eles façam bobagem devido a todas as coisas que não sabem ou não conseguem saber.

A menos que você reconheça e empregue todo o poder que tem, irá se recolher na desesperança e resignação, enquanto vê erros que poderia ter evitado se estivesse engajado. Mas não está – você se senta e espera ser mandado. E então os executivos seniores pressionam e controlam mais com regras detalhadas, e ouvem menos ainda, conforme procuram evitar mais erros no futuro. As pessoas obedecem às regras e evitam serem culpadas, culpando os outros, portanto a responsabilização se torna difusa e difícil de identificar. Os executivos seniores, por sua vez, se sentem cada vez mais isolados e incapazes de admitir que não sabem a resposta. Como ninguém se manifesta, eles sentem que precisam fazer sozinhos, mas não têm o *insight* ou o conhecimento de que precisam para preencher o vazio que eles mesmos ajudaram a criar. A frustração aumenta e a eficiência diminui.

Elimine o medo do sistema

É uma espiral negativa em que todos sentem cada vez mais medo e ficam mais entrincheirados. O estresse resulta do sentimento de perda de controle. Como podemos recuperar o controle e criar opções para nós mesmos para que não nos sintamos encurralados?

No mundo complexo e turbulento atual, é impossível fazer progresso sem cometer erros e aprender com eles. É impossível acertar da primeira vez. Com mercados mudando rapidamente, às vezes a pressa é mais importante, embora seja a inimiga da perfeição. Precisamos eliminar o medo do sistema se quisermos avançar rápido, experimentar e aprender.

Nick Forster, ex-COO da Reed Exhibitions, é atencioso e empreendedor. Sob muitos aspectos, ele vê esses atributos como uma coisa única – seu trabalho favorito é se engajar em conversas e ajudar os outros a sentir confiança em novas ideias de negócios.[14] Foster acha o ambiente empresarial atual frustrante:

> *As pessoas têm medo de tomar atitude. Eu gostaria que elas tivessem mais ideias ousadas! Mas o balanço trimestral nos leva a ser avessos ao risco, e o sistema de premiação também não ajuda. A filosofia de curto prazo no resultado e no comportamento da gerência impede as pessoas de assumirem riscos. Então, uma regulação crescente cria uma cultura restritiva e antirrisco. Devido a esse ambiente de negócios, há mais medo nas empresas hoje do que costumávamos ver.[15]*

Forster teve uma carreira longa e bem-sucedida de 40 anos, mas agora passa mais tempo esquiando. Hoje, ele observa um maior medo do risco, do fracasso. Se ele estiver certo sobre o contexto, isso significa que precisamos nos empenhar ainda mais para estimular as pessoas a se manifestarem e exigir serem ouvidas. Precisamos combater o medo no sistema, porque este medo leva as pessoas a minimizar o risco, esperando ser mandadas quanto ao que fazer. O medo age contra a experimentação e deixa as pessoas relutantes em assumir o que fazem devido ao temor das consequências do fracasso.

Incutir senso de posse não significa delegar irrestritamente para uma ação deliberada. É precisamente a determinação dos Anciãos de definir quatro ou cinco objetivos estratégicos prioritários que proporcionam aos outros a coragem e o espaço para reivindicar posse porque este senso de posse ocorre dentro de parâmetros bem definidos. As pessoas se sentem mais inclinadas a agir por iniciativa própria se entendem claramente o que está dentro e o que está fora da pauta. O desafio para os Anciãos é se dispor a definir essa pauta delimitada. A pauta não é aditiva. Ela não significa um novo conjunto de cinco objetivos a serem acrescentados à lista anterior. Significa concordar com os cinco objetivos que substituem ou ganham precedência sobre tudo o mais. Significa concordar sobre o que iniciar e, provavelmente o mais critico, sobre o que parar.

Aprenda com o fracasso

Existe um outro jogo de gestão em que o facilitador usa um apito para dizer às pessoas quando deram um passo errado e precisam encontrar outra maneira de ir adiante. Cada vez que o apito soa, a equipe paga uma multa com o dinheiro que lhe foi alocado no início do jogo. O interessante é como as pessoas reagem ao apito. De modo geral, as equipes tendem a reagir de duas maneiras. Uma é interpretar como um sinal de fracasso, ou ter dado o passo errado e, portanto, sofrer uma penalidade financeira. A outra interpretação é que o apito significa que a equipe aprendeu aonde não ir e, portanto, aprendeu o caminho certo para avançar. A perda financeira pode representar um bom investimento, visto que pode ajudar a equipe a identificar um caminho mais rápido para o progresso. Na vida real, ocorre algo muito parecido; há aqueles que veem um erro como um fracasso e aqueles que interpretam um erro como uma oportunidade de aprender rápido e avançar mais rápido.

Carol Dweck, psicóloga formada pela Universidade de Stanford, explica que o aprendizado está intimamente associado a nossa disposição de ser abertos e aceitar erros.[16] A perspectiva adotada também é crítica para determinar se você vê o risco como parte natural dos negócios (e da vida) ou se o vê como algo a evitar. O risco sempre tem uma vantagem e uma desvantagem, e isso diz respeito mais a acertar a proporção da recompensa ganha com o risco do que evitá-lo por completo (por isso a frase "Quem não arrisca não petisca").

Nick Forster, da Reed Exhibitions, acredita que a aversão ao risco caminha ao lado do alto nível de medo presente hoje nas empresas. "Há muita ênfase nas consequências – é preciso acrescentar mais convicção e crença ao mix. É preciso uma cultura que não culpa, que assuma riscos maiores, porque eles levam a um sucesso maior. O sucesso maior pode acontecer se você souber aprender com seus erros. Os executivos seniores não abrem mão, no entanto, não são eles que estão em contato com nossos clientes – são as pessoas mais próximas da base, e devemos permitir que elas opinem mais sobre nossa estratégia".[17]

Forster vê a necessidade de mais informações para a estratégia vindas de baixo para cima para torná-la mais consistente e realista. Ele também defende a criação de uma cultura em que o risco é estimulado e os erros são vistos como oportunidades de aprendizado, não como fracassos. É essencialmente uma cultura de confiança. Quando algo dá errado, não se assume imediatamente que alguém deve ter agido de maneira negligente ou estúpida. Você confia nos colegas. Portanto, supõe-se que as pessoas estão fazendo o melhor que podem mas que erros acontecem e, em vez de recriminar, trabalhamos juntos para analisar o porquê e para evitar que o mesmo erro se repita no futuro.

Você consegue fazer o mesmo? Como você se sente quando o apito toca?

Aprenda com tudo o que puder

Para encontrar novas ideias, Jeff Immelt, presidente da GE, passa muito de seu tempo viajando e conversando com clientes, parceiros do setor, autoridades governamentais e analistas.[18] Por que ele faz isso? Porque assim está aprendendo. Cada uma dessas partes interessadas trará uma perspectiva diferente para a mesma oportunidade. Reúna essas perspectivas e você começará a enxergar um padrão diferente.

Conduzimos regularmente sessões em que os executivos conversam sobre sucessos e fracassos em que compartilham as características de ambos com os colegas. Tudo de que necessitamos são perguntas simples para extrair aprendizado. Perguntas como qual era a situação, o que aconteceu, o que isso o fez questionar, o que fará diferente da próxima vez? O valor está em compartilhar e entender que pessoas em diferentes funções, áreas geográficas e negócios podem encontrar lições em comum. Os padrões estarão lá se você dedicar um tempo para identificá-los. E o aprendizado ajuda a evitar o desapontamento resultante de repetir o mesmo erro da próxima vez.

Os empregados adquirem um verdadeiro senso de posse por meio de uma mudança autodirecionada – em que há espaço para debaterem, decidirem e agirem contanto que colaborem com os outros no processo (não há sentido fazer algo que funciona para seu departamento se isso causa problemas para outra parte da empresa). Eles entregam mais porque querem, não porque os líderes exigiram. Precisamos parar de defender "da boca para fora" a contribuição que as pessoas podem fazer sem supervisão.

"As pessoas são nosso maior patrimônio"

A frase "As pessoas são nosso maior patrimônio" está entre aspas por uma razão. É uma frase alvo de piada nos círculos corporativos internos. É tão difamada quanto a frase mais frequentemente usada nos relatórios anuais que não acontece na prática. É um mundo em que planejamos muito para as pessoas, mas as lideramos mal, com mais cérebro que coração. Conforme um executivo explicou, "Dizemos que colocamos as pessoas em primeiro lugar, mas isso é tapar o sol com a peneira. O Google oferece refeições grátis e cápsulas de dormir para os funcionários. Nós não oferecemos nem sequer uma xícara de café para os nossos. Eles vêm em terceiro lugar, atrás de nossas máquinas e nossos robôs". Os executivos têm ciência de que, se ninguém aparecesse para trabalhar amanhã, a organização deixaria de existir. No entanto, os trabalhadores não estão no topo da lista de afazeres da liderança. Geralmente, são precedidos pelos clientes e acionistas ou até mesmo pelos líderes realizando o trabalho eles próprios. Pense sobre como poderíamos transformar nossa empresa se de fato acreditássemos em nossa retórica. Se nossa mentalidade fosse genuinamente aquela em que as pessoas são mais importantes que tudo, isso mudaria radicalmente a forma como abordamos o trabalho. De acordo com o que outro executivo explicou, "Não somos corretos com os clientes porque primeiro não somos corretos com os empregados".

Mas é possível. Um pequeno número de empresas ao redor do mundo coloca em prática o altruísmo tão frequentemente citado, empresas como a Southwest Airlines, Google, Apple e Virgin. Os atendentes do *check-in* da Virgin fora do Aeroporto de Heathrow em Londres são terceirizados, então em alguns dias é possível vê-los trajando o uniforme de uma outra companhia aérea, e em outros trajando o uniforme vermelho da Virgin. A Virgin é excelente em fazer as pessoas se sentirem envolvidas e tem um verdadeiro talento para a celebração. O pessoal terceirizado se sente muito mais engajado com a Virgin do que quando usam o uniforme de outra companhia aérea.

Um gato pode parecer um rei[19]

Empresas boas em engajar seu pessoal incluem o Claridge, um hotel de luxo em Mayfair, Londres, em que Thomas Kochs é o gerente geral mais jovem que a empresa já teve. Examinamos nos bastidores como o hotel proporciona uma experiência de primeira classe para seus hóspedes. Para inserir este hotel de luxo no contexto, um de seus gerentes gosta de contar uma história. "As pessoas costumavam ligar para o hotel", disse Timothy Lock, e perguntar para a telefonista: "'Posso falar com o rei?', e a telefonista respondia, 'Qual deles?'". O custo médio de uma diária é de £600, mas celebridades chegam a gastar até £6.000 se insistirem, e algumas delas o fazem, exigindo que sua suíte seja redecorada para sua estada. Nos últimos 150 anos, o Claridges recebeu centenas de chefes de estado e é conhecido informalmente como o anexo do Palácio de Buckingham (a residência oficial da Rainha em Londres).

Trabalhamos com o Claridges desde o final de 2012 e ouvimos muitas outras histórias de Thomas Kochs. Ele conta com um sistema de coleta de informações sobre os hóspedes que deixaria a CIA ou o ML5 (ou qualquer outra agência de inteligência governamental) orgulhosos. Cada membro do *staff* coleta pequenas informações que então são armazenadas em um arquivo pessoal para que, quando os hóspedes voltarem, tudo esteja pronto conforme eles gostam, até detalhes como que tipo de água preferem consumir e de que lado da cama dormem. Não faz sentido sobrecarregar funcionários que já correm pelo hotel o dia inteiro para encontrar um computador onde possam incluir essas informações. Eles simplesmente pegam um telefone, discam um número especial e deixam uma mensagem de voz com a informação. *Briefings* diários asseguram que todos tenham acesso a *insights* que foram inseridos sobre os hóspedes, assim estes são recepcionados na chegada e diariamente com perguntas sobre a família, os amigos e os animais de estimação. O quarto é preparado de acordo com o que os hóspedes gostam, os móveis são movidos para a posição de sua preferência e são incluídos acessórios que proporcionam um toque altamente personalizado.

Kochs é absolutamente claro sobre a hierarquia social – os empregados vêm em primeiro lugar. O hotel deliberadamente contrata pessoas com sensibilidade e com boa intuição sobre pessoas – um bom QE. Na verdade, Kochs vai tão longe quanto dizer que, embora formação em hotelaria seja desejável, ele está preparado para treinar as pessoas do zero. O hotel recebe chefes de estado e realezas continuamente, mas a filosofia do Claridges é clara: sem os funcionários e sua dedicada e elaborada atividade de coleta de dados e sua primorosa atenção ao detalhe, o serviço que distingue o Claridges não seria entregue. É somente colocando os funcionários em primeiro lugar que o Claridges está em primeiro lugar para os hóspedes. E os funcionários sabem disso. Eles sabem que o hotel conta com eles e os vê como centrais para o negócio, o que lhes proporciona um senso de orgulho e de posse.

De hotéis a cerveja

Nem toda empresa é de serviços, então vejamos um exemplo de manufatura. August Anheuser Bush III (conhecido como Três Palitos) é bisneto do fundador da Anheuser-Bush, Adolphus Bush e foi presidente da cervejaria americana de 1977 até 30 de novembro de 2006. Anteriormente ele atuou como presidente da Anheuser-Bush Companhies (ABC) de 1974 a junho de 2002 e CEO da ABC de 1975 a junho de 2002. Tinha reputação de dedicação absoluta à qualidade. Uma história apócrifa fala sobre a vez em que ele tirou um dos enormes caminhões que transportavam cerveja da estrada (no meio de uma tempestade de neve) porque achava que estava muito sujo e isso era uma imagem ruim para a marca. Ele tomava o cuidado de tornar a qualidade uma prioridade de todos, não só sua. Queria que todos possuíssem esse senso. Outra história sobre suas interrupções na linha de produção – esta uma decisão de grande impacto e custosa numa operação de manufatura contínua – foi quando achou que o rótulo estampado nas latas estava fora de padrão. Ele disse a um funcionário da produção: "É seu trabalho parar a linha quando a qualidade não está boa o bastante". Ele não podia ser os olhos da empresa em toda parte e queria que todos sentissem a paixão que ele sentia como dono.

Isso pode ser feito.

A esta altura, já devemos ter um amplo entendimento e sentido do que é posse da execução de estratégias. Mas não podemos simplesmente contar que todos farão a coisa certa o tempo todo. Vejamos a terceira parte de nossa trilogia de comunicações, posse e continuidade, considerando como a incluímos no sistema para um desempenho consistente.

Continuidade

Dominique Fournier, ex-CEO da Infineum, está comprometido com a continuidade. "Quando se conseguia um comprometimento negociado aderia-se a ele. Não éramos extremistas ou dogmáticos, mas quando se está mudando uma cultura, as pessoas prestam atenção para ver como você reage quando um comportamento requerido não é desempenhado. Se toda vez que as pessoas falham você trata isso como se não fosse problema, então falhar passa a não ser problema. Insistíamos em responsabilidade, rigor e desafio. Criamos padrões de excelência organizacional para revelar capacidades latentes".[20] Fournier usa a continuidade para definir o tom de uma cultura voltada para desempenho, mas ele também faz isso para revelar o potencial das pessoas.

Num mundo em que muito do que tomamos por garantido parece estar mudando dramaticamente, seja de condições climáticas a recuperação de uma recessão econômica (muitos comentaristas se sentem perplexos com os 20 perdidos pelo Japão) é quase como se os executivos tivessem desenvolvido o transtorno de déficit de atenção (TDAH).[21] Em face de mudanças imprevisíveis e da pressão do mercado por ganhos no curto prazo, os executivos vivem mudando as regras como resposta e a estratégia resiste por um tempo cada vez menor. Uma crise mal acaba de passar quando já surge outra, exigindo um outro conjunto de respostas. E as novas regras tendem a ser aditivas, com pouca atenção sendo dada ao que precisa ser removido da lista de compras, para abrir espaço para novos itens. Emitimos ordens e comunicados, mas parece faltar-nos o tempo e a vontade de verificar se houve entendimento ou se o que pedimos anteriormente foi de fato executado.

Para pessoas com transtorno de déficit de atenção e hiperatividade (TDAH) são prescritos estimulantes, como ritalina e dexidrina, para aumentar o nível de dopamina no cérebro. A dopamina é um neurotransmissor associado à motivação, ao prazer, à atenção e ao movimento. Para muitas pessoas com TDAH, medicações estimulantes melhoram a concentração e o foco enquanto diminuem comportamentos hiperativos e impulsivos. Será que podemos encontrar um equivalente organizacional da ritalina para nos ajudar a aumentar nossa capacidade de concentração e foco e deixarmos de ser tão agitados?

A Internet estimula a TDAH

A Internet não está ajudando a concentração. Ela fatia as ideias transformando-as em pedaços de nanosegundos, e algumas pessoas acreditam que isso está nos deixando estúpidos. Nicholas Carr escreveu um livro que em essência sugere isso.[22] Existe muita pesquisa demonstrando que nosso cérebro não consegue lidar com o estímulo constante de novas informações e que vivemos continuamente num nível de estresse elevado. Carr demonstra, por exemplo, que a Internet estimula a amostragem rápida de bits de informação a partir de muitas fontes mas em nossas jornadas de navegação podemos acabar esquecendo o que buscávamos inicialmente. (É um pouco como ir pegar alguma coisa e esquecer o que era – embora esta analogia não funcione para leitores jovens.) Então estamos nos tornando mais adeptos a escanear, mas perdendo nossa capacidade de concentração e reflexão.

Agitação, não mudança

O perigo é que se começamos muitas iniciativas sem concluí-las, estamos estimulando agitação em vez de mudança. O que isso significa? A GE, empresa multinacional que atua no setor financeiro assim como na fabricação de eletrodomésticos, iluminação e geradores para uso empresarial e doméstico, é famosa por proporcionar educação para os funcionários em suas instalações de treinamento cujo nome é Crotonville. Crotonville é o instituto de liderança global da GE, fundado em 1956, a primeira universidade corporativa. O campus principal com 59 acres em Nova York recebe milhares de funcionários da GE e clientes por ano. Outros milhares frequentam os cursos de liderança de Crotonville ao redor do mundo. Ao longo de sua existência, a universidade desenvolveu ideias e conceitos importantes com a colaboração de numerosos acadêmicos e profissionais excepcionais. Um desses conceitos é um método de seis passos para examinar como conduzir e incutir uma mudança.

Já usamos esta ferramenta muitas vezes para ajudar empresas a diagnosticar como estão conduzindo a mudança. É fascinante – e útil – quando você descobre um ponto de falha, isso é um passo do guia em que a agenda da estratégia falha repetidamente. É o que distingue as empresas que são adeptas de concretizar uma mudança daquelas em que as pessoas se sentem cansadas e sob pressão constante – em que agitação, em vez de mudança, é a ordem do dia. "Mudança" é quando algo novo é lançado e implementado com sucesso. "Agitação" é quando se começa uma iniciativa, mas não se dá continuidade, portanto não perdura. Como as coisas começam, mas não perduram, outra iniciativa é lançada numa tentativa de promover a mudança. Isso se transforma num ciclo exaustivo de iniciar, falhar, tentar novamente e falhar novamente. Os empregados perdem o senso de significado no seu trabalho porque não enxergam o propósito de um trabalho ou projeto concluído.

Onde está a ritalina?

Livrar-se da TDAH significa construir uma verdadeira orientação para o desempenho em que o foco está nos resultados, não nas atividades, onde medições simples funcionam tanto como avaliação e sistemas de alerta. Trabalhamos com um banco de investimentos que usava um sistema de gerenciamento de desempenho baseado numa distribuição forçada. Distribuição forçada significa que o gerente deve alocar seus relatórios um determinado número de categorias, com uma porcentagem de alocação para cada categoria previamente acordada. Nesse caso, o banco tinha quatro classes de desempenho. A classe A representava desempenho excepcional; a classe B, desempenho acima da média; a classe C desempenho esperado de um profissional neste papel e classe D significava que o indivíduo precisava de desenvolvimento. Obviamente, o intuito era que a maioria dos empregados estivesse na classe C – o nível de desempenho amplamente esperado de um profissional.

Infelizmente, o sistema de gerenciamento de desempenho não estava funcionando e não funcionou nos 20 anos desde que foi implementado. Como resultado, 90% dos empregados acabavam nas categorias A e B. Isso é comum num banco? Na realidade, não. A maioria dos gerentes não gosta do sistema de distribuição forçada por diversas razões. Uma delas é que o gerente não quer desmotivar as pessoas alocando-as numa classificação inferior; os gerentes não gostam da transparência (todos sabem a classificação que recebem porque é documentada) e, às vezes, o gerente realmente tem uma pequena equipe de pessoas talentosas, portanto uma distribuição forçada parece injusta quando todos estão operando no mesmo nível (alto). Bem, era hora do arrocho. Depois de 20 anos, os bons tempos estavam acabando e o banco teria de diminuir de tamanho e tornar algumas pessoas redundantes. Como iriam decidir quem manter e quem dispensar, quando nos últimos 20 anos os gerentes haviam consistentemente declarado que 90% da força de trabalho tinha um desempenho acima da média ou excepcional?

Acabou se mostrando bastante fácil. Pedimos a eles para colocar o nome de cada pessoa que gerenciavam em um folha separada e colar na parede de acordo com as três categorias básicas: deve ser mantido, negociável, pode ser dispensado. Ao contrário do sistema de gerenciamento de desempenho formal, 90% não conseguiram entrar na categoria "deve ser mantido". Cada gerente alocou cerca de 10% de seus empregados nas categorias "deve ser mantido" e "pode ser dispensado", deixando 80% na categoria "negociável". Foram necessários sete minutos e meio para concluir a tarefa. (Só por curiosidade, comparamos os resultados com a análise de desempenho dos três últimos anos – nenhuma correspondência.) Portanto, os gerentes sabem como medir o desempenho – só precisam ser motivados a fazer.

Construa orientação para desempenho

A orientação para o desempenho tem três aspectos. O primeiro é que os gerentes gostam do sistema de gerenciamento do desempenho, qualquer que seja, e, portanto, estão preparados para usá-lo; o segundo é entender e acreditar de fato que o reconhecimento é largamente subutilizado como forma de estimular o desempenho e o último é que precisamos medir as realizações, não as atividades.

Discutimos anteriormente como os gerentes não usarão um sistema de gerenciamento do desempenho se não gostarem dele ou se não acreditarem nele ou se ele lhes causar dificuldades de relacionamento. O problema de contar com, mas não usar apropriadamente, um sistema de gerenciamento do desempenho é que você acaba no pior de todos os mundos possíveis. Os indivíduos com alto desempenho ficam desmotivados porque seu desempenho excepcional não irá distingui-los se todos são classificados na categoria acima da média e, da mesma forma, os indivíduos com baixo desempenho não são motivados a se esforçar mais. Os gerentes deixam de prestar atenção no que deveria estar acontecendo – conversas frequentes sobre desempenho, desenvolvimento e progresso – e, em vez disso, acabam assinalando alternativas de múltipla escolha apressadamente, uma vez por ano, quando o departamento de recursos humanos quer que eles preencham e entreguem as avaliações.

O resultado é que as informações no relatório sobre um indivíduo não necessariamente reapresentam seu desempenho. E o que temos no final é mediocridade, porque os gerentes toleram níveis aceitáveis de subdesempenho. Os gerentes se contentam com um desempenho mediano, porque estimam que provavelmente não valha a pena o esforço de tentar melhorá-lo. Isso cria apatia e inércia. Por que tentar se o colega ao meu lado não fará? Isso contamina o processo de execução – diminui nosso ritmo. No Capítulo 2, vimos o papel da voz para criar senso de posse. O mesmo ocorre aqui. Faça com que seus gerentes sejam menos detalhistas na avaliação do sistema de gerenciamento do desempenho. Pode não ficar perfeito, mas é melhor um sistema imperfeito que é utilizado que um sistema perfeito que só recebe respostas mecânicas. E gerencie o desempenho do sistema. Deve haver louvor e penalidades, respectivamente, para os gerentes que participam e os que não participam do jogo.

O correto, não o habitual

Um verdadeiro gerenciamento de desempenho significa manter conversas contínuas com as pessoas sobre seu progresso e sobre o que precisam mudar, desenvolver ou aprimorar. Existem muitas pesquisas que nos lembram repetidamente do quão importante o reconhecimento frequente é para a motivação.[23] No entanto, negligenciamos ou ignoramos este conselho alegando que estamos muito ocupados para fazer reuniões regularmente para discutir sobre desempenho ou que as pessoas são adultas e não precisam ser aduladas. Já foi provado que o reconhecimento aumenta a motivação e melhora os resultados financeiros. Se lhe perguntássemos se está muito ocupado para melhorar o desempenho financeiro de sua companhia, você acharia que estamos loucos. No entanto, é exatamente isso que todo gerente está fazendo sempre que deixa de reservar um tempo para conversas sobre desempenho.

Agende em seu calendário – e não desmarque.

Realizações

Todos sabemos que um currículo deve incluir as realizações, não apenas as atividades que a pessoas exerceu, para maximizar as chances de conseguir um novo emprego. O mesmo acontece com o desempenho no trabalho. Trabalhamos com uma organização em que os gerentes descreveram a melhor maneira de continuar e avançar. "O que você precisa fazer é andar apressado, parecer estressado e ocupado". Eles estavam insatisfeitos com o sistema de gerenciamento do desempenho "Porque ele premia uma falsidade, não a verdadeira realização". Todos conhecem essa pantomima, e isso é desmotivador. Se as pessoas são premiadas pelo que realizam, então você pode gastar menos tempo se preocupando com como elas fizeram (contanto que esteja dentro de seu padrão de valor e ética), e pode deixá-las mais livres para fazerem o que é preciso. Você não se sentirá tentado a perder tempo interferindo no processo que pode não entender por completo, e elas sentirão que têm poder e que se confia nelas.

Definição de metas

Jeremy Pelczer, ex-CEO da Thames Water, oferece alguns conselhos para o processo de definição de metas. "Existe uma grande diferença entre medo de fracassar e coragem de lutar por objetivos maiores. Classifique os objetivos (conservador, provável, exigente mas alcançável e heroico) e então tenha conversas francas sobre o tamanho da lacuna para alcançá-los e quais mudanças na capacidade e capacitação são necessárias para fechar essa lacuna. Não diga para as pessoas o que devem fazer, em parte porque elas podem arrumar desculpas e explicações para o fracasso em muitas das circunstâncias e em parte porque o senso de realização é muito maior quando elas se empenham para alcançar o que é necessário".[24] Não importa como o objetivo foi estabelecido, Pelczer sugere que também deve ser acompanhado de uma conversa franca sobre se o indivíduo é capaz de realizá-lo e que suporte ou desenvolvimento adicional será necessário. É um conselho sábio não fazer qualquer suposição de que a meta será automaticamente atingida. É também um argumento a favor da definição de metas em conjunto em vez de dizer para as pessoas o que fazer.

Para medir a realização em vez da atividade, você deve definir metas com quem se reporta diretamente. A pesquisa nos diz que definir metas específicas (tais como quero ganhar mais $500 por mês) gera um nível de desempenho mais alto do que definir metas gerais (como, quero ganhar mais dinheiro) e que metas difíceis de alcançar têm relação direta e positiva com o desempenho.[25] Quanto mais desafiadora a meta, mais a pessoa irá persistir e trabalhar para alcançá-la, portanto, a definição de metas pode levar um indivíduo do baixo para o alto desempenho. O senso de realização é muito gratificante.

No entanto, existem duas condições que podem interferir – *feedback* (as pessoas precisam saber como estão indo) e aceitação (a pessoa aceita e acredita na meta). A definição da meta em conjunto com o supervisor e seu reporte direto trabalhando juntos leva a um comprometimento maior do que simplesmente dizer a alguém o que fazer. Curiosamente, não leva a um comprometimento maior do que se o supervisor oferece uma justificativa convincente para uma meta que ele simplesmente designa para alguém. Portanto, se você quer definir uma meta para alguém, vá em frente, mas certifique-se de que a pessoa realmente a aceitou. Uma meta que está claramente associada à missão geral da organização terá mais significado para a pessoa (veja o Capítulo 3) e metas difíceis ou exigentes ajudam a pessoa a persistir. Mas como asseguramos que estamos de fato medindo a realização e não a atividade?

Medições abstratas e concretas

A última peça do quebra-cabeça do gerenciamento do desempenho é assegurar que se está medindo as coisas certas da forma certa. O truque é usar medições simples, mas abrangentes. Pense sobre seu sistema de medição como o painel de um carro, em vez do painel de instrumentos de um avião. No painel do avião, você se depara com milhares de luzes piscando, que funcionam bem para diagnosticar a menor das falhas num sistema complexo, mas que não funciona tão bem para dar uma orientação geral. Por outro lado, o painel do carro usa poucas medições simples e claras – a que velocidade você está andando, quanto combustível ainda resta e se seus faróis estão acesos ou não. Mais fáceis de ler rapidamente e de tomar decisões sobre a direção e o ritmo. Portanto, mantenha as medições em pequeno número, claras e simples.

Isto posto, você quer que seus poucos indicadores meçam realizações no curto e no longo prazo. Todos sabemos que muito pode ser alcançado no curto prazo às custas do longo prazo. Por exemplo, você poderia alocar todo o orçamento do ano para um aspecto de seu trabalho, de forma que este projeto específico tenha sucesso, mas à custa de outros que seriam iniciados mais adiante no ano. Este é um microcosmo do desafio perene de satisfazer as demandas de curto prazo do mercado e ao mesmo tempo reservar um investimento suficiente para a prosperidade de longo prazo da organização. Além disso, é aconselhável usar medições abstratas e concretas do sucesso, isto é medições qualitativas e quantitativas. Um embate óbvio aqui poderia ser entre medições financeiras e culturais. Se você é avaliado apenas por indicadores financeiros, pode alcançar seu resultado em detrimento de um comportamento apropriado e respeitoso em relação aos outros. Visto sob o ângulo oposto, se você é avaliado apenas por agir de maneira apropriada, sua contribuição financeira para a meta da companhia pode ser diminuída, na medida em que foca no "como" mais do que no "o que". Portanto, medidas abstratas e concretas se complementam e mantêm você equilibrado entre as duas na corda bamba do bom desempenho.

Nunca diga nunca[26]

Para criar uma cultura de execução, você precisa de comunicação, senso de posse e continuidade. Nenhum desses aspectos por si só é suficiente, mas a continuidade é particularmente importante. Se você apresenta ideia atrás de ideia e não checa o andamento consistentemente, é provável que suas ideias nunca frutifiquem. Você ficará frustrado e imaginando por que "eles simplesmente não conseguem fazer o trabalho". As pessoas que trabalham para você dirão que você sofre de "espírito de proatividade" e o acusarão de "mudar o gol de lugar". Ninguém sai ganhando. Uma cultura de execução requer consistência e disciplina – você não pode desistir.

Vejamos se podemos compor uma cultura de execução com uma história corporativa real.

O contexto é a Inglaterra na década de 1990. Para os leitores jovens e que não são ingleses, é difícil imaginar o legado do conflito e da militância que a Inglaterra experimentou naquela época. A década de 1970 foi horrível, um período de inflação galopante e greves no setor público. O lixo não era coletado nas ruas, sendo um perigo para a saúde, havia escassez de combustível resultante da crise do petróleo de 1973 e a revolta dos mineiros levou a uma semana de trabalho de três dias de 1973 a 1974, visto que o fornecimento de eletricidade estava limitado. Os que desejavam trabalhar por mais horas faziam isso à luz de velas. Esta Inglaterra estava muito distante daquela que liderou a Revolução Industrial e dominou a economia europeia e mundial durante o século XIX. A eleição de um governo trabalhista em 1974 levou a um armistício com os sindicatos, que foi rompido em 1978. O conflito no setor industrial juntamente com a inflação crescente e o desemprego levou a Inglaterra a ser apelidada de "homem doente da Europa". Margaret Thatcher, do partido conservador, foi eleita primeira-ministra em 1979 e passou a década de 1980 empenhada em diminuir o poder dos sindicatos.

O autor Simon Carter era CEO da Baxi Heating, uma empresa consolidada fabricante de aquecedores centrais domésticos e de lareiras a gás no início da década de 1990. A Baxi foi uma empresa familiar por mais de 130 anos e mais recentemente uma parceria formada por funcionários. Ao longo daquele período não houve interrupções relativas a questões setoriais ou greves. A empresa sempre teve representantes sindicais, mas negociações foram benignas nos bons anos. A cada mês de abril, os sindicatos apareciam com sua lista de exigências, e a gerência tinha o dinheiro para atender às demandas em troca de uma melhora na produtividade. Mas no final da década de 1980, a empresa estava à deriva – confrontando novas tecnologias, mudanças estruturais no mercado e uma crescente competição por parte de fortes participantes europeus. Carter e os Anciãos idealizaram uma estratégia radical de reestruturação para aumentar a eficiência operacional e para criar um foco renovado no cliente. Em 1º de janeiro de 1990, o plano de melhoria da empresa foi lançado para livrá-la dos problemas. A Aldeia foi consultada. Os cargos hierárquicos da organização foram reduzidos e algumas funções foram substituídas por unidades de negócios voltadas para o cliente.

As negociações salariais de 1990 se arrastaram por semanas. De um lado, a gerência falava sobre como a companhia precisava mudar para sobreviver. Do outro, os sindicatos insistiam em não haver mudanças no acordo conhecido informalmente como "jobs in comapany", isto é, não haveriam demissões compulsórias. Este foi um legado deixado pelos 20 anos anteriores de militância sindical no Reino Unido, que não havia afetado a Baxi até aquele momento. Mas em 1990, a empresa não conseguia mais justificar a conta dos salários, e demissões foram anunciadas. Em resposta, a força de trabalho votou por uma ação setorial.

Ronnie Bootle era representante sindical na Baxi à época. Ele relembra das reuniões com a gerência após as demissões e o retorno ao trabalho. "As primeiras reuniões foram horríveis. De início, eu não conseguia olhar na cara da gerência – tinha perdido a confiança. Sempre estive envolvido na promoção da educação no local de trabalho e sabia melhor do que grande parte da gerência que tínhamos problemas de analfabetismo no chão de fábrica. Depois de todo o trauma das demissões que demoliram a antiga cultura da companhia, eu queria saber se esta gerência se preocupava com seu pessoal da forma como alegava, então decidi testá-la. Propus um programa de alfabetização através de cursos para os colegas no chão de fábrica, e Simon concordou. Isso começou a recuperar minha confiança."

O enxugamento reestruturou a organização em equipes autogerenciadas de 8 a 10 pessoas, embasando um foco renovado no cliente. Essas equipes tinham a permissão de fazer quaisquer mudanças que quisessem para melhorar as práticas de trabalho. Por exemplo, os funcionários do setor de pintura mudaram completamente a forma como pintavam os produtos. Bootle se recorda de um indivíduo em particular. "Na empresa havia pessoas cuja única função era manter o local limpo, organizado e seguro. Um desses indivíduos aprendeu a ler e a escrever no curso do programa de alfabetização e após passar uma vida inteira sem dizer nada sobre o trabalho para ninguém, agora não conseguíamos fazê-lo parar de escrever cartas a todos, para os comitês gerenciais, para grupos de segurança, todos que você possa imaginar, com recomendações de melhoria. A questão era ver as coisas acontecendo quando se pedia uma mudança, portanto todos queriam continuar fazendo sugestões. Era contaminante e gerou um grande estímulo na nova maneira de trabalhar. Minha equipe inclusive consolidou nossas horas de trabalho em quatro longos dias, de forma que só trabalhávamos de segunda a quinta."

E mais. Havia anos que os sindicatos pediam informações financeiras além de outras para entender como a companhia estava se saindo, mas elas sempre foram negadas. Agora Carter tinha as disponibilizado para eles. Bootle relembra: "Sempre pedimos informações completas mas nunca recebemos. Agora que as tínhamos, logo percebemos que não conseguíamos entender nada! Precisávamos fazer um curso para entender os dados e, uma vez que os entendemos, nos tronamos mais realistas nas negociações salariais. O Comitê de Negociação não reivindicou aumentos salariais nas negociações anuais de abril nos dois anos seguintes – entendíamos que um aumento nos salários custaria empregos".

A Baxi conseguiu se recuperar através de um processo de comunicação, com acesso aberto e transparente a dados financeiros; e senso de posse através de equipes autoadministradas com autonomia para tomar decisões; e continuidade, com um sistema de gerenciamento de desempenho implementado por completo. Se você tem acesso aos arquivos da BBC, poderá ver um vídeo sobre a companhia no final de 1991, relatando o sucesso de sua transformação. Isso foi resultado de uma cultura de execução estimulada?

Bootle acredita que sim. "Autonomia e poder são palavras usadas muito vagamente. Na Baxi, contanto que você atingisse suas metas, tinha de fato autonomia e poder para fazer o que quisesse. A força de trabalho inteira se empenhou para construir a nova organização. Era um prazer ir trabalhar."

A recuperação levou dois anos. Apesar das diversas pequenas vitórias e comemorações, ainda assim é um período de tempo longo para manter o esforço contínuo de melhoria. No próximo capítulo, examinaremos como criar resistência para a longa jornada de execução e sucesso na mudança.

Resumo

Neste capítulo definimos exatamente o que é uma cultura de execução; um ambiente de comunicação, senso de posse e continuidade. A ironia é que falamos muito sobre a importância da comunicação e com muita frequência falhamos em comunicar. Precisamos do tipo certo de comunicação. Não se trata de blocos de sabedoria sendo transmitidos em cascata até a base da hierarquia. A expressão "*briefing* em cascata" deveria ser banida porque enfatiza uma comunicação unilateral e um senso de que o topo da pirâmide organizacional deve instruir o resto. Não surpreende que a cascata rapidamente se transforma em gotejamento.

Vemos a organização como um conjunto de outras aldeias além dos Anciãos e da Aldeia dos 100 principais. Cada uma dessas aldeias tem um papel especial e uma participação na execução da estratégia, e cada uma delas possui informações únicas e críticas que devem ser compartilhadas para que a execução seja bem-sucedida. No complexo e atribulado mundo dos negócios atual, as pessoas não podem perder de vista a estratégia e seu papel nela. Caso contrário, começam a acreditar que não têm poder para ajudar ou para resistir. O senso de posse é adquirido ao se proporcionar experiências encorajadoras e dar às pessoas espaço para fracassar e aprender como executar melhor.

E por fim, sugerimos que os líderes sofrem do transtorno de déficit de atenção e hiperatividade severo. Por meio de uma continuidade consistente e deliberada, aquilo que é medido é o que de fato será realizado. Com isso, o processo de execução da estratégia será aprimorado e agilizado.

Até agora, mobilizamos a Aldeia, reunimos os Anciãos e criamos uma organização em que as pessoas entendem seu propósito e encontram significado no trabalho que realizam todos os dias. Elas se sentem estimuladas e capazes de agir independentemente. Mas ainda não terminamos. A execução é uma maratona, não uma corrida de curta distância. Nosso quinto e último passo é treinar para a maratona.

5

Criando Resistência

Tenho muita persistência e muita resiliência.
– Hillary Clinton

A definição de *persistência* é "força duradoura, resistência". Resistência é a habilidade de suportar prolongadamente um esforço ou atividade estressante, como correr uma maratona. Hillary Clinton está certa. Para ter sucesso no mundo atual, precisamos de resistência para atender a todas as demandas que enfrentamos a cada dia – para permanecer nos trilhos até que a estratégia seja executada.

Resistência soa, sinceramente, um pouco severo. No entanto, a verdade é que, atualmente nas empresas, estamos pedindo para as pessoas suportarem um alto nível de esforço contínuo. Se a estratégia se transformou numa corrida de curta distância, a cada guinada dos líderes em uma crise econômica para a próxima comoção social, a execução se transformou numa maratona. Fazer a organização redirecionar seu foco para o cliente, ou desenvolver as capacidades necessárias para expandir globalmente, ou iniciar uma nova linha de negócios requer tempo para se consolidar. Na verdade, não se trata de correr apenas uma maratona, mas uma série delas, uma exatamente em seguida da outra. É um esporte de resistência.

E não há escolha. Conforme observa Sir Jeremy Greenstock, "As instituições diminuem sua eficiência quando há um longo período de paz, sem mudanças. Chegam a um ponto em que estão além da redenção, então sua eficiência diminui".[1]

A estratégia se tornou uma corrida de curta distância

Até mesmo a mais tradicional das organizações não parece mais ter uma estratégia para cinco anos. O horizonte encolheu para cerca de 18 meses, para durar apenas o tempo suficiente até a próxima desabada do mercado e a reação executiva a ela. Paralelamente, a execução se transformou em um jogo longo. Pode levar anos para se implementar uma orientação verdadeiramente voltada para o cliente ou para se tornar uma organização global. Todos se esforçam em manter a energia para atuar consistentemente e pelo tempo necessário, e os executivos seniores batalham para desempenhar seu novo papel como treinadores de maratona. É como diz John Chambers, o carismático CEO da Cisco: "A execução operacional supera a inovação".[2] É um jogo de continuidade.

Um adendo sobre recuperar a estratégia, ou retornar à estratégia

Este livro trata sobre como executar uma estratégia, não sobre como definir a estratégia certa antes disso. Mas vale a pena fazer uma pausa para pensar se é possível retornar à estratégia como a conhecíamos no passado – uma proposta de longo prazo. Atualmente, volatilidade de mercado significa que muitos líderes se valem da estratégia como uma arma de oportunismo de curto prazo. Tom Albanese, até 2013 CEO da gigante mineradora global Rio Tinto, tem uma visão diferente. Trata-se de retornar a um horizonte estratégico de vinte anos ou mais. A mineração, assim como muitos setores de capital extensivo, opera em ciclos com duração de décadas. Após a Segunda Guerra Mundial, o crescimento foi impulsionado pelos Estados Unidos, a Europa e o Japão. Após a crise econômica de 2008, o crescimento foi impulsionado primariamente pelo BRIC (Brasil, Rússia, Índia e China – às vezes acrescidos por um S para África do Sul e um K para Coreia do Sul) e por outras economias emergentes. A tendência subjacente de longo prazo atualmente é de crescimento. Um investimento em mineração pode levar três anos para ser construído e cinco para se consolidar. Enquanto isso, o mercado (analistas e investidores) presta atenção no ruído do ciclo dos negócios, portanto os investidores aconselham a interromper o crescimento ou a avançar no crescimento conforme enxergam a chegada de uma nova onda de expansão ou retração chegando – os altos e baixos de curto prazo dos negócios. Esses conselhos sempre chegam atrasados para a mineração, que não consegue se mover tão rápido. Não é bom para o negócio. O resultado é duas vezes maior. No longo prazo, a oferta sempre está atrás ou à frente da demanda – os mineiros se sentem exuberantes quando correm para aumentar a oferta para atender a demanda e em desespero quando tentam reduzir o excesso de oferta. No curto prazo, o resultado é o efeito vaivém de uma serra, conforme empurram a empresa ou a puxam tentando se ajustar rapidamente.

Albanese aconselha: "Como o mercado presta atenção no ruído do ciclo dos negócios, há um nível crescente de volatilidade, cuja amplitude e frequência são maiores, tornando mais difícil agora executar consistentemente uma estratégia de longo prazo do que foi no passado. Precisamos prestar atenção nas tendências subjacentes, e não nas oscilações no curto prazo".[3]

Não é brincadeira

É um CEO corajoso este que contesta o conselho dos investidores, mas o fato é que os investidores estão pressionando as companhias a mudar mais rápido do que é eficaz para o bem do negócio no longo prazo. Eles reagem exageradamente aos sinais do mercado, resultando em volatilidade no curto prazo. É realmente difícil fazer as pessoas se engajarem numa estratégia e executá-la se você muda de estratégia a cada ano ou até mais rápido do que isso. Albanese está certo. A estratégia precisa voltar para uma visão e ter um foco sustentáveis para que haja prosperidade no longo prazo. Focar em ganhos de mercado no curto prazo leva a empresa a uma corrida para um crescimento de curto prazo, que pode não ser sustentável ou nem mesmo necessário. E está chegando a um ponto em que não simplesmente exige das pessoas que tentam executá-la; e exige demasiadamente. Há um grande número de pessoas exaustas nas empresas atualmente.

> Stefan Stern, autor de livros de administração e professor visitante da Cass Business School em Londres, expressa isso em termos ainda mais extremos: "Seja por medo ou falta de confiança ou uma experiência amarga – alguns gerentes acham a estratégia terrível demais para contemplar. Ela tornou-se uma obrigação enfadonha e desagradável, previsivelmente exigente e previsivelmente decepcionante."[4]
>
> Terminado este adendo um tanto incômodo, voltemos para a execução.

Resistência para maratonas[5]

Nem todo mundo é como Eddie Izzard um comediante de *stand-up*, ator e escritor inglês, que em 2009 correu 43 maratonas em 51 dias em apoio ao evento beneficente Sport Relief, apesar de nunca antes na vida ter participado de uma corrida de longa distância. Foi um feito surpreendente. A maioria dos mortais é mais fraca e precisa de suporte e engajamento para alcançar a linha de chegada de até mesmo uma única maratona. Então vamos pensar no que é preciso para correr uma maratona de verdade e depois traduzir isso para a vida organizacional.

Correr uma maratona requer tanto preparo mental quanto físico, e cada parte da maratona tem seus próprios desafios mentais. A maneira como se começa determina como – e se – você chegará ao final. Comece sempre devagar. Com um pouco de sorte, você terá dedicado as horas de treinamento necessárias e quando começar sua maratona se sentirá forte e confiante. Mais do que isso, será empolgante. Conforme você se posiciona na linha de largada (ou mais precisamente, conforme marcha até a linha de largada junto com milhares de outros corredores), a multidão estará vibrando e todos os corredores estarão um pouco nervosos, ávidos por começar assim que o sinal de largada soar. Você ficará dizendo para si mesmo para manter o controle – você entrou nisso para aguentar até o fim. Se começar rápido demais, ficará cansado logo no começo da corrida. Neste caso, na melhor das hipóteses, terá um fim de corrida miserável, sentindo-se mal e constantemente inseguro sobre persistir até o final. Na pior das hipóteses, você não conseguirá chegar até o fim (estatisticamente, isso acontece com 2% de nós, portanto, assim como diz Woody Allen, 80% do sucesso estão logo ali – aparentemente 98% quando se trata de maratonas). Corra sua própria maratona. Não se preocupe se vir muitas pessoas ultrapassando você. Lembra da fábula da lebre e da tartaruga? Algumas pessoas podem começar rápido demais, então você vai alcançá-las mais adiante, em seu próprio ritmo. Confie em si próprio.

Divida em partes

Controle suas emoções. É tentador começar a pegar sorvetes e doces oferecidos pelos espectadores e saltar toda vez que passar por um familiar ou um amigo. Procure manter-se o mais calmo possível; você precisa conservar sua energia mental para o resto da corrida. Comemore pequenas vitórias – cada placa sinalizadora de distância ultrapassada representa um quilômetro mais perto da vitória.

Do meio da corrida em diante, divida a maratona em segmentos menores. Isso fará a distância parecer mais administrável. Nunca se esqueça de que a distância aproximada de uma maratona é de 42,195 km – é incrível o que os últimos 0,195 km podem parecer difíceis se você só se preparou mentalmente para os primeiros 42! Permaneça mentalmente resistente. Sua resistência mental começará a ser de fato testada durante os últimos quilômetros. Não se renda a períodos de insegurança e desconforto. Lembre-se de toda a preparação que fez e acredite nela. Pense sobre como trabalhou duro e que a recompensa será terminar sua maratona.

Vença a monotonia

Surpreendentemente, a monotonia pode ser um dos maiores desafios mentais que acompanham o desafio físico. Faça o que for necessário para manter sua mente ocupada: cante, jogue jogos mentais, conte pessoas, converse com outros jogadores. Atualmente, cada vez mais, os corredores ouvem música ou até mesmo ligam para os amigos para conversar. Do quilômetro 38 em diante, conforme se aproxima do fim da corrida, não pense no corpo. Você provavelmente estará sentindo alguma dor ou desconforto durante esses quilômetros. Certamente se sentirá cansado. Deixe que sua mente se desligue de seu corpo e foque em algo externo – o público, as placas, os outros corredores, a paisagem. Defina pequenos marcos entre as placas de distância. Comece uma contagem regressiva de quilômetros e minutos. Absorva todo o encorajamento do público que puder. Converse consigo mesmo e fale sobre como está indo bem. Não deixe que uma sensação de impotência e desesperança se abata sobre você.

A esta altura da corrida, é preciso buscar uma força extra. Lembre-se de como se sacrificou para chegar até este ponto. Lembre-se de como venceu a fadiga durante as corridas de treinamento e que pode fazer isso de novo, mais uma vez. E por fim, quando cruzar a linha de chegada – não pare! Comemore sua proeza, tendo ou não terminado no tempo que estabeleceu para si próprio. Você conseguiu uma vitória, uma realização surpreendente. Ninguém jamais poderá tomar isso de você.

Correndo a maratona da execução de estratégias

Sem querer esticar a analogia longe demais, quais semelhanças existem entre correr uma maratona e a maratona da execução de estratégias no trabalho? O primeiro conselho é estar preparado para a corrida. Como seria um treinamento no contexto da execução de estratégias? Existem dois tipos de preparação – uma para você como indivíduo e a outra organizacional.

Treinamento

Ali Gill, ex-remadora olímpica e amante de esportes radicais (correu a maratona do Ártico), sabe muito sobre treinamento de resistência. Ela aconselha: "É preciso construir sua base. Você quer que ela seja fisiologicamente o mais extensa possível, para que sua pirâmide seja a mais alta possível. É necessário uma repetição sustentada e contínua, não com picos repentinos. São necessários no mínimo quatro anos de treinamento para conseguir chegar ao status de elite. Quando está construindo sua base, há muitas coisas acontecendo ao seu redor. É fácil se distrair com promessas de resultado no curto prazo, mas você precisa se desligar do resto e focar apenas no que ajudará a construir aquela base extensa para você".[6]

É por isso que alcançar o status de elite é tão difícil. Se você gosta de se manter em forma e ativo, mas luta para encontrar tempo para treinar três vezes por semana, dá para imaginar o esforço e a determinação necessários para dedicar esse tempo todos os dias?

Trata-se de praticar regularmente as competências existentes.

Considere se comunicar como um líder, nosso primeiro critério para criar uma cultura de execução no Capítulo 4. Para alcançar o status de elite, você precisa eliminar o ruído no sistema e ir em frente. Você pensa que já consultou a todos, mas as pessoas continuam voltando com as mesmas perguntas. Você acha que já explicou milhares de vezes, mas as pessoas parecem não entender. Em vez de ficar frustrado, veja-se como um atleta excepcional operando num alto nível de competência. Quanto mais você pratica a comunicação, melhor se torna nisso. São aqueles que saem para treinar duas ou três vezes por semana que se frustram. Seja em comunicar, liderar uma mudança ou motivar os outros, continue dedicando as horas de treinamento de resistência que levam ao status de elite. Sem o treinamento adequado, você não estará em forma para a corrida longa.

Os Anciãos estarão bastante focados em construir habilidades organizacionais renovadas para lidar com as novas circunstâncias e demandas. Eles contratarão a *expertise* e as competências, caso não as encontrem internamente, para construir a organização aprimorada necessária para executar a estratégia. Portanto, certifique-se de que seu treinamento é aquele necessário para manter você atualizado e preparado, mesmo que não esteja pensando no status de elite.

Começando a corrida

Agora vejamos algumas analogias com a corrida propriamente dita. "Não comece correndo rápido demais" pode ser traduzido muito bem para o trabalho. Se você definir metas irrealistas, decepcionará a si próprio e aos outros, e precisamos do sentimento oposto, de progresso contínuo. Existem muitas pessoas com personalidade do Tipo A[7] ocupando posições de liderança –

ambiciosas, organizadas, esforçadas e dispostas a ajudar os outros, que assumem mais do que conseguem dar conta, que são impacientes e proativas. Pessoas com personalidade do Tipo A geralmente são *workaholics*, multitarefas com alto desempenho, que se cobram por prazos e detestam tanto atraso quanto ambivalência. Isso pode torná-las exigentes e impacientes quanto ao sucesso. Se você se reconhece aqui, aprenda a controlar seu ritmo. Lembre-se constantemente de que não está numa corrida de curta distância e de que você precisa guardar energia para continuar, dia após dia. Desenvolva capacidades do tipo tartaruga, em vez de pensar como lebre.

Existe um cartão de felicitações divertido com o desenho de uma multidão entoando: "O que queremos agora? Gratificação. Quando queremos? Agora!". O desejo de gratificação imediata pode prejudicar o cumprimento de metas estratégicas no longo prazo. Isso tem analogia com os princípios de correr uma maratona "controle o emocional" e "confie em você". Estamos falando aqui sobre inteligência emocional, que abordamos no Capítulo 3. Parte da inteligência emocional diz respeito a sua habilidade de criar empatia com os outros, mas outro aspecto importante é o autocontrole. Diz respeito à resistência mental e confiança. Saiba administrar a si próprio para poder liderar os outros. Fique de olho no prêmio maior no longo prazo (alcançar a linha de chegada), e avance rumo a ela continua e estavelmente. Numa corrida, assim como na vida, os apressados não são os vencedores. Não saia em disparada e fique sem energia por desapontamento precoce.

Transição a meio caminho

"A partir do meio do caminho, divida o restante em pequenos seguimentos." O meio do caminho é catalítico para qualquer projeto. Connie Gersick constatou em sua pesquisa que todo grupo de projeto decide e concorda sobre uma abordagem bastante rápido.[8] (Isso em contraste com a visão prevalente até o momento em que os grupos passam pelos quatro estágios: forma, tempestade, norma e realização da construção da equipe e da decisão de como abordar uma tarefa.[9]) O grupo adere a esta abordagem até o meio do percurso, isto é, o momento no meio do caminho entre a primeira reunião e o prazo final para a tarefa. Neste momento, há uma explosão concentrada de mudanças, conforme o grupo descarta padrões antigos, adota novas perspectivas e faz progressos dramáticos.

É um ponto de transição importante. Portanto, na metade do caminho de qualquer projeto de execução de estratégia, espere uma reorientação de pensamento e abordagem. O futebol não é único jogo de duas metades (vemos com muita frequência que o jogo pode virar radicalmente no segundo tempo). Considere isso como um ajuste esperado, em vez ficar assustado ou preocupado de que as coisas estão saindo dos trilhos. Isso não quer dizer que sua estratégia vai mudar ou que será o único ponto de ajuste. A execução de estratégia é um pouco como fazer uma viagem longa dirigindo. Ir do ponto A para o ponto B nunca é uma linha reta; há obstáculos, acidentes, desvios devido a obras e bloqueios e diferentes condições de tráfego. O motorista permanece atento e vigilante, procurando sinais de mudança na estrada. Além disso, a meio-caminho da jornada, é hora de focar a atenção, avaliar o progresso em relação ao planejado e concentrar a atenção em metas de prazo mais curto. Existe uma história sobre um CEO que definiu um prazo de 18 meses numa reunião do time executivo. Dois meses mais tarde, o grupo se reuniu novamente e alguém mencionou o prazo de 18 meses. O CEO corrigiu o colega: "Não, agora são 16 meses". É fácil cair na armadilha de citar prazos que de alguma maneira ficam presos numa distorção do tempo.[10] Mantenha a pressão, um quilômetro por vez, e não perca de vista o odômetro.

Dividir em segmentos menores também parece um conselho clássico de gestão. Lembra-se de comemorar pequenas vitórias, como vimos no Capítulo 3. Embora criar uma estratégia seja o trabalho de um número pequeno de pessoas – o CEO e seus Anciãos – a execução da estratégia é o trabalho de milhares. Se seu trabalho de modo geral requer que você pense apenas semanas à frente, partir para metas de três a cinco anos será muito mais fácil se puder comemorar metas periódicas de curto prazo alcançadas rumo à meta final.[11]

Superdimensione-se

Uma ideia final. Em algumas redes de *fast food*, os atendentes perguntam "Quer o combo?". O que eles estão perguntando é se o cliente gostaria da porção maior, superdimensionada. Que tal se superdimensionar; isto é, dizer a si próprio regularmente como está indo bem. Isso irá manter sua confiança e determinação intactas. Charles Darwin sugeriu em 1872 que as respostas emocionais influenciam os sentimentos. "A livre expressão de uma emoção através de sinais externos a intensificam", ele escreveu.[12] Portanto, se você estiver feliz e sorrir ou rir, isso intensificará seu sentimento de felicidade.[13] Além isso, sorrir quando se está infeliz mostrou clinicamente melhorar o humor.[14] Sabe-se que relembrar algo que fez com sucesso aumenta seu sentimento de autoeficiência ou de confiança numa tarefa específica. Você está correndo a maratona da execução de estratégia um passo por vez, e cada passo dado o aproxima da linha de chegada e da vitória. É bom lembrar a si próprio continuamente de que está indo bem.

Portanto, existem muitos paralelos entre uma corrida física e a maratona da execução de estratégia. É claro, as diferentes partes que devem ser alinhadas durante a execução de estratégia em uma situação corporativa complexa representam um desafio intelectual muito maior do que um plano de ação para correr uma maratona. Para começar, numa maratona as pessoas estão numa corrida própria. E todos os conselhos giram em torno do indivíduo. Para executar uma estratégia, todos os corredores devem estar coordenados. Ao desafio individual de resistência mental e física, acrescentamos alinhamento, visto que as pessoas precisam evitar tropeçar umas nas outras ou sabotar a corrida do outro.

Os princípios de persistência para a longa distância são os mesmos; treinar para a corrida, manter um ritmo constante, celebrar marcos e manter-se mentalmente forte. Vamos nos aprofundar um pouco mais em como desenvolvemos resistência se isso não está em nosso DNA.

Resistência é uma fórmula

Então o que é resistência?

Fala-se muito atualmente nas organizações modernas sobre resiliência e a citação de Hillary Clinton na abertura deste capítulo representa esse sentimento. A resiliência pessoal é admirada e exigida como a capacidade de se recuperar rapidamente quando algo dá errado ou toma um rumo inesperado. Resiliência organizacional significa o mesmo, a capacidade de superar obstáculos e imprevistos. No entanto, resiliência é apenas uma parte do pacote necessário para avançar no mundo exigente de hoje. Há mais do que apenas resiliência. Podemos expressar a resistência nesta fórmula:

Resistência = resiliência + adaptabilidade + perseverança

A resistência que precisamos para a sobrevivência empresarial hoje é uma combinação de resiliência, adaptabilidade e perseverança. Por quê? Porque as empresas são complexas, então neste caso resistir – ter habilidade para suportar por um longo período um esforço ou uma atividade estressante – é um conceito mais sofisticado do que apenas baixar a cabeça e seguir em frente. É preciso ter destreza.

A resiliência é um elemento fundamental da fórmula da resistência porque ambos, indivíduos e organizações, devem ser capazes de se recuperar. Se estamos correndo uma maratona, precisamos de um tempo de recuperação para nossos pulmões e, acima de tudo, para nossos ossos. Mas só isso não é suficiente. Precisamos também de adaptabilidade, porque circunstâncias novas e desafios diferentes significam que após a recuperação não voltaremos exatamente a nossa forma anterior. Nossos músculos podem estar mais fortes ou a capacidade de nosso pulmão aumentada, mas poderemos estar com um tendão rompido ou mialgia nas pernas – qualquer que seja a diferença, nossa fisiologia não será exatamente a mesma, e precisamos conseguir nos adaptar a nossa nova forma. São as organizações que respondem a pressões do mercado e continuam se desenvolvendo com sucesso ao longo do tempo aquelas que sobrevivem.

E por fim, precisamos de perseverança. Resiliência e adaptabilidade significam que podemos nos recuperar e aprender a viver em um novo formato. A perseverança acrescenta a energia para nos manter avançando até atingirmos nossas metas. Precisamos ter resistência como indivíduos e como organização. Vamos examinar a resiliência mais a fundo, a parte inicial de nossa fórmula, e aprender como construir resiliência pessoal.

Resiliência

Resiliência é um tópico importante. Se pesquisar no Google, você encontrará mais de uma definição, a maioria delas com uma lista abrangente de indicadores. Vamos focar em alguns poucos fatores fundamentais para manter a resiliência pessoal.

Tempo de recuperação e redes de terror

O perigo de correr muitas maratonas é que não deixamos tempo suficiente para recuperação e descanso, e assim prejudicamos nossa capacidade de suportar o desgaste. A resiliência psicológica é a capacidade de um indivíduo de suportar o estresse e a adversidade. Uma pessoa pode estar estressada e se recuperar, ou simplesmente ser resistente ao estresse e não sofrer seus efeitos negativos. Mais importante, resiliência é um processo, não uma característica de personalidade. Isso significa que resiliência é o resultado de o indivíduo ser capaz de interagir com seu ambiente e contar com processos de suporte que promove o bem-estar ou o protege da influência avassaladora dos fatores de risco. Esses processos podem ser estratégias individuais de suporte ou fatores externos, como amigos e políticas, e processos benéficos no trabalho.[15] A conclusão é que uma pressão desnecessária ou excessiva pode nos colocar em risco, e precisamos de mecanismos de suporte para resistir.

Podemos aprender sobre tempo de recuperação e sua importância para a resiliência em alguns lugares improváveis. Pense sobre como redes de terror e infecções microbianas sobrevivem a despeito das tentativas de eliminá-las.[16] A forma pela qual conseguem isso é reduzindo sua operação a um estado de latência por um longo período, o que lhes dá força para se recompor e mobilizar para um novo período de ataque.

O reagrupamento e a recuperação proporcionam a energia para o próximo *round*.

O equivalente organizacional que pode dar suporte aos empregados é proporcionar tempo para consolidação. Vejamos o exemplo de um CEO frustrado com o progresso lento da execução de uma estratégia e que recorre a uma outra reorganização para criar ímpeto. Toda a atividade pode dar a impressão de que criamos impulso, mas só se tivermos certeza de que estamos lidando com a causa original do problema, não com um sintoma. A reorganização é a maneira mais fácil e mais visível de tentar induzir uma mudança, mas é um pouco como sacudir uma gaiola cheia de pássaros. Penas podem voar, os pássaros podem gorjear um pouco mais e se empoleirar em outro lugar, mas serão aqueles mesmos pássaros naquela mesma gaiola de sempre. As pessoas são adeptas a fazer as coisas funcionarem a despeito de quaisquer ineficiências na estrutura da organização. Em vez de mais atividade, seria mais aconselhável o CEO proporcionar um período de descanso para as pessoas. A consolidação pode ser um meio melhor para que as pessoas recuperem forças para um novo avanço no programa de mudança.

Parece que já se passou muito tempo desde 1984 quando o autor de administração e filósofo Charles Handy se preocupava de que haveria menos trabalho do que as 100 mil horas estimadas, que era a norma na época (47 horas semanais, 47 semanas por ano, durante 47 anos).[17] Esperávamos que a revolução da Internet aumentaria o tempo de lazer e diminuiria a quantidade de papel que usávamos – exatamente o oposto do que aconteceu. A facilidade de comunicação atual e a prevalência de organizações multinacionais significam que estamos ainda mais ocupados e pressionados. Uma *conference call* pode ser realizada a qualquer momento num período de 24 horas (se você está regularmente ao telefone no meio da noite, de modo geral depende da distância em que você está da matriz). Existe pressão para responder imediatamente a um e-mail não importa a hora em que ele chegue na caixa de entrada. Somente no Reino Unido, 40% do dia de trabalho é desperdiçado devido ao estresse.[18] Isso não pode continuar.

Somos nossos próprios inimigos?

A luz cinzenta de uma manhã nublada de verão penetrava a sala através da parede envidraçada. A reunião dos 100 principais se desenrolava a todo vapor, com o CEO e seus Anciãos totalmente envolvidos. As outras três paredes estavam abarrotadas de gráficos, tabelas e anotações em Post-it coloridos de todos os formatos e tamanhos. O objetivo era síntese – reduzir as paredes de ideias para cinco prioridades-chave para a companhia. Seria preciso muita conversa.

O CEO era sensato e realista. A única maneira de abrir espaço para cinco prioridades era gastar um tempo pensando sobre o que eles deveriam parar de fazer, portanto uma parte inteira de uma parede era dedicada a isso. Algumas coisas da lista a parar de fazer dizia respeito a interromper linhas de negócios específicas ou projetos – mas uma parte muito maior da lista era dedicada a outras atividades. Não enviar e-mails num determinado dia da semana; nenhuma reunião deveria durar mais de uma hora; ter reuniões mais disciplinadas; reduzir o número de *confe-*

rence calls; parar de reestruturar um executivo declarou: "Não podemos aguentar muito mais".

O time executivo se postou na frente da sala e abriu a discussão sobre a lista do que parar de fazer – o que seria realista e praticável? A conversa começou com a ideia de adotar a política de um dia por semana "sem enviar e-mails". "Que tal sábado?", alguém sugeriu num tom brincalhão. "Eu prefiro domingo", disse outro. Uma onda de risada ligeiramente cansada tomou conta da sala. Era muito próxima da verdade para ser realmente divertido. O CEO estava genuinamente aberto à ideia de um dia por semana sem e-mail, mas os executivos discordavam totalmente. "Como podemos justificar tal atraso em responder para nossos clientes?" Disseram em uníssono. Quanto a isso, ninguém queria um dia sem e-mail.

Então a seguinte pergunta deveria ser feita: Estamos brincando de um tipo de jogo global de ficar olhando fixamente, em que ninguém quer ser o primeiro a piscar? Num cenário semelhante, os clientes deles teriam dito o mesmo? O que diriam os fornecedores? Se ninguém está disposto a ser o primeiro a parar, continuaremos a nos extenuar cada vez mais. Em vez de nos sentirmos agradavelmente pressionados pela qualidade de um trabalho desafiador, seremos lançados cada vez mais alto na estratosfera.

Ou estamos negociando exageradamente a boa vontade?

Chris Argyris, professor emérito[19] da Harvard Business School, mais conhecido por seu trabalho seminal em "Aprendizado organizacional" cunhou a expressão "contrato psicológico" em 1960.[20] É uma importante ideia. Assim como as organizações têm sistemas formais (tais como níveis salariais, aprovação de despesas, critérios de promoção, regras de aquisição) também têm sistemas informais (por exemplo, redes de contatos, padrões de influência independentes da hierarquia, informações sigilosas, fofocas). E assim como os empregados têm um contrato de trabalho explícito e definido pela lei, também têm expectativas psicológicas não descritas em relação a seu empregador, tais como sentir-se seguro no trabalho, ser consultado quando devido e ter alguma segurança de permanecer empregado.

Na década de 1990, as organizações ao redor do mundo (menos em algumas culturas do que em outras) romperam o contrato psicológico com seus empregados. "Confrontadas com uma incerteza crescente, menos benefícios e muito frequentemente com uma carga maior de trabalho e responsabilidade, muitas pessoas sentiram que o contrato psicológico que firmaram com sua organização foi violado".[21] A expectativa não redigida de como os empregados deveriam ser tratados não foi atendida ou transgredida. A primeira violação foi a promessa de emprego. Em um setor após o outro, em uma empresa após a outra, os líderes organizacionais decidiram que não poderiam mais prometer a manutenção de um emprego vitaliciamente. As incertezas que acompanhavam a globalização os induziram a oferecer em contrapartida algo chamado "empregabilidade". Emprego indicava formalmente um trabalho permanente. Empregabilidade significava um trabalho pelo tempo em que as competências técnicas e interpessoais de um indivíduo permanecessem relevantes, atualizadas e úteis.

A vida antes do contrato psicológico

A geração mais nova no mercado de trabalho, a geração Y, vê o novo contrato psicológico de empregabilidade como regra. A geração Y espera ser treinada e receber oportunidades, mas também está pronta para seguir em frente. Para a geração dos baby boomers (e até certo ponto para os trabalhadores da geração X) era um distanciamento dramático de suas expectativas. Compare a realidade atual com o nível anterior de comprometimento do empregador com o bem-estar físico e emocional dos empregados. A história de Port Sunlight, construída por William Heskert Lever (mais tarde Lorde Leverhulme) não parece ter pouco mais de um século de existência, mas pertencer à Idade Média. A projeto de engenharia Port Sunlight foi iniciado em 1888 e representava os princípios Quaker de capitalismo. (Muitas corporações modernas foram fundadas com base nos princípios Quaker, da Anistia Internacional à Sony. Os Quakers eram considerados honestos e fundaram muitos bancos, incluindo o Barclays.)

O projeto Sunlight (Sunlight era o nome do produto mais popular de limpeza deles) consistia de uma linda vila arborizada de casas construídas em um terreno de 56 acres próximo ao Rio Mersey na Inglaterra. As casas seriam destinadas aos operários da fábrica de sabão Lever Brothers (agora parte da Unilever). Não foram feitas economias. A Lever sentia prazer em ajudar a planejar o projeto e contratou aproximadamente 30 arquitetos diferentes – cada casa era única. Port Sunlight também incluía uma clínica médica, escolas, um anfiteatro, uma piscina coletiva, uma igreja e uma hospedaria. Ele queria socializar e cristianizar as relações empresariais. Ele enxergava o empreendimento como uma divisão do lucro com os empregados (que não era de forma alguma uma exigência legal), mas em vez de dividir o lucro diretamente, ele os investiu na vila. Lever comenta que "Não lhes traria muitos benefícios se você enfiasse isso goela abaixo na forma de garrafas de uísque, sacos de bombons ou um peru gordo no Natal. Por outro lado, se você deixar o dinheiro comigo, posso usá-lo para proporcionar tudo o que torna a vida agradável – casas bonitas e confortáveis e uma recreação saudável".[22]

Não estamos sugerindo voltar a este modelo hoje. O que parecia um capitalismo culto no final do reinado da Rainha Vitória (sem um sistema de bem-estar social, as pessoas dependiam da boa vontade dos empregadores em não explorá-los) hoje seria interpretado como paternalismo. Mas continuamos perdendo iniciativas modernas de diminuir a pressão sobre os indivíduos. Políticas como fechar a empresa em um determinado período do ano para que todos tirem férias ao mesmo tempo (diminuindo a pressão, porque muito dos e-mails na verdade são conversas entre nós, em vez de com clientes ou fornecedores) ou insistir que os empregados não devem responder a e-mails enquanto estão de férias também está em queda.

Precisamos nos perguntar "E daí – isso realmente importa?". Cada geração não muda as regras sociais e de trabalho? Não deveríamos deixar de pensar no passado e seguir em frente com o modo como as empresas operam atualmente?

Um contrato psicológico fraco prejudica a resiliência
O dano causado por um contrato psicológico fraco à resiliência pessoal importa, e a resiliência é um aspecto significativo da resistência. Mudar o contrato psicológico tem um efeito prejudicial no comprometimento com o trabalho, na satisfação no trabalho, motivação e na cidadania organizacional (a disposição de oferecer esforço altruisticamente e mais do que apenas atender às especificações da função.) Todos esses fatores são

importantes para criar resiliência. Portanto, esse dano importa. Um bom contrato psicológico faz o empregado se sentir valorizado e no controle. A questão aqui é que toda vez que mudamos os limites do contrato psicológico, toda vez que a organização empregadora oferece um pouco menos e espera que os empregados ofereçam um pouco mais, isso prejudica a resiliência individual.

Por outro lado, proporcionar aos indivíduos o tempo adequado para a recuperação e um contrato psicológico consistente no trabalho é fundamental para a construção e sustentação da resiliência pessoal. E é importante. Dean Becker, CEO da Adaptiv Learning Systems, disse "Mais do que educação, mais do que experiência, mais do que treinamento, o nível de resiliência de uma pessoa determina quem terá sucesso e quem fracassará. Isso é verdadeiro na ala de oncologia; é verdadeiro nas Olimpíadas e é verdadeiro na sala da diretoria".[23]

E nós também somos parte do problema; se nos recusamos a desacelerar a comunicação, estamos nos negando o tempo de recuperação de qualquer esforço de nosso empregador.

Agora vamos passar para a segunda parte da fórmula, a adaptabilidade.

Adaptabilidade

Resiliência é vital, mas insuficiente. Se o mundo ao nosso redor muda e nós nos recuperamos, mas voltamos ao mesmo formato, podemos ter permanecido intactos mas nos tornado irrelevantes. Isso diz respeito ao darwinismo e à necessidade de evoluir. Quão forte e bem desenvolvido está seu instinto de sobrevivência? Nada permanece igual. No mundo dos negócios atual, volátil e incerto, precisamos nos adaptar para prosperar.

Num certo sentido, estamos de volta à "empregabilidade", ou permanecermos relevantes mantendo nossas competências atualizadas. Precisamos estar atentos à mudança nas demandas que os clientes, a evolução ou a revolução do mercado impõem à organização. No Capítulo 1, abordamos em detalhe a Aldeia dos 100 principais e enfatizamos quão crítico é obter a aceitação deles para que a estratégia tenha chances de ser executada. Para alguns deles, isso representa uma mudança pessoal, descartar ideias antigas e aprender novas competências para se adaptar a um mundo novo. Se você está mudando de um organização voltada para produto para uma voltada para o cliente, por exemplo, algumas de suas competências técnicas precisarão ser substituídas por competências interpessoais. Se sua companhia está num processo de transição entre ser nacional e multinacional, você precisará aprimorar a conscientização intercultural. Não fique preso à mesma rotina, ou estará criando sua própria obsolescência. Embora a mudança pessoal possa ser difícil, sua capacidade de adaptação irá garantir sua sobrevivência e o treinamento lhe ajudará a estar à frente na curva da mudança.

Que evidência temos do quanto somos bons em adaptabilidade?

Quão bons são os líderes em táticas de execução?

Adaptar-se significa ser capaz de mudar e adquirir novas competências em resposta a novas demandas. Existem diversas pesquisas que nos dizem que a versatilidade individual está fortemente associada à eficiência da liderança.[24] Enquanto parte da adaptabilidade significa aprender novas competências, outra parte trata de assegurar que você desenvolva uma gama de competências e use aquelas apropriadas, no momento e no nível apropriado – isto é, sendo versátil. Rob Kaiser, presidente da Kaiser Leadership Solutions e sócio sênior da Kaplan DeVires Inc., possui um banco de dados de informações sobre a versatilidade em liderança de 7.500 gerentes ao redor do mundo. Desses, 700 são CEOs ou fazem parte da Aldeia dos 100 principais. Kaiser mede a versatilidade deles em duas polaridades: como equilibram sua capacidade de pressionar por resultados com sua habilidade de estimular as pessoas e como equilibram trabalhar estrategicamente com sua eficiência em operações. Ter boa adaptabilidade significa que o executivo faz as duas coisas bem, e Kaiser identifica desequilíbrio na polaridade estratégia-operações. *Estratégia* é significa definir direção, impulsionar o crescimento e dar suporte à inovação. *Operação* significa execução, ser eficiente e focar em recursos e administrar processos com disciplina. Dos 700, apenas 10% se mostraram verdadeiramente versáteis; os outros 90% enfatizam excessivamente um ou o outro lado da equação e, portanto, diminuem sua eficiência como líderes. E dos 700, dois terços são vistos pelos colegas como pessoas com muito pouco foco nas operações. Isto é, de acordo com a pesquisa de Kaiser, dois terços dos CEO, dos Anciãos e da Aldeia dos 100 principais dão pouca ênfase aos detalhes táticos cotidianos da implementação da estratégia. A avaliação da gerência média em operações é muito melhor.

Não queremos dar destaque exagerado às conclusões de Kaiser, mas elas são interessantes. Se essa for uma tendência disseminada, sugerimos que nossos líderes mais seniores deem mais atenção ao desenvolvimento de sua eficiência melhorando seu foco em operações. É claro, o papel principal da liderança sênior é comunicar a visão e definir a direção, mas os líderes seniores têm também um papel importante de equilíbrio para assegurar a execução. A visão estratégica não será nada mais do que uma alucinação ou uma miragem se nada resultar dela.

Criando adaptabilidade

Adaptabilidade diz respeito fundamentalmente a permanecer relevante. São três os estágios para criar adaptabilidade. O primeiro é desenvolver autopercepção, o segundo é cuidar de suas fraquezas e o terceiro é aumentar suas forças (mas não demais).

A autopercepção necessária aqui é mais do que apenas inteligência emocional, embora entender seu tipo de personalidade e sua tendência em abordar o trabalho de certa forma é um aspecto importante. Nunca é tarde demais para desenvolver autopercepção. Quando Irene Dorner, presidente e CEO do HSBC America, começou a trabalhar com seu time executivo de Anciãos, surpreendeu-se ao descobrir que a autopercepção era uma capacidade pouco explorada. "Percebi que havia um problema com meus 11 principais e organizei um evento externo. Eles nunca haviam feito um teste psicométrico nem nunca haviam atuado como um time, ou aconselhados de que fazer isso era importante – não sabiam como."[25] Entender suas próprias tendências e inclinações facilita o trabalho em grupo porque você pode aprender a dar valor à diversidade, em vez de se sentir confuso ou ofendido com abordagens diferentes.

A autopercepção é também uma avaliação ou uma auditoria de sua base de competências. Examinar suas competências técnicas para saber se estão atualizadas – isto é, são competências técnicas de que a organização ainda precisa atualmente? E quanto ao futuro? Quanto à frente você consegue enxergar para imaginar como sua organização precisará mudar e quais competências se tornarão relevantes neste futuro? Se você estivesse se candidatando para sua própria vaga amanhã, seria contratado? Conseguiria ser contratado para a vaga de seu chefe? É uma boa ideia obter a ajuda em um amigo ou colega para fazer uma análise crítica de si próprio. Nem sempre é fácil ser tão clínico em nossa autoanálise quanto somos na dos outros.

Cuide das fraquezas e aumente as forças

O segundo estágio é planejar fazer algo sobre as fraquezas identificadas na auditoria e decidir como eliminá-las. Pode ser com programas de treinamento ou desenvolvimento no próprio trabalho, como uma ação paralela ou uma tarefa mais exigente. Planeje uma reciclagem. Às vezes, podemos ficar tão absortos em nosso trabalho que somos levados à irrelevância sem perceber. Por fim, identifique suas forças e faça uma auditoria minuciosa delas também. O que trouxe você até aqui pode não levar você até lá, como nos lembrou o guru do *coaching* Marshall Goldsmith no Capítulo 2.[26] O que era uma força pessoal num nível inicial de gestão pode ser excessiva ou desnecessária para desempenhar um papel executivo mais sênior. Por exemplo, uma atenção consistente ao detalhe pode promover você a um papel mais sênior, enquanto esta mesma força no novo papel pode ser considerada como microgestão, impedindo você de dedicar mais tempo à estratégia. Você pode continuar precisando entender parte do detalhe, mas não deve concentrar seu foco nisso à custa da parte estratégica de seu trabalho. E, às vezes, nos atemos ao que já sabemos porque isso nos deixa confortáveis, não porque é necessário.

Até agora, abordamos como criar resiliência pessoal ao reservar espaço para uma recuperação, negociar um contrato psicológico satisfatório e criar adaptação por meio de uma auditoria e da atualização de nossa base de competências. A última parte de nossa equação de resistência é a perseverança – continuar indo em frente até atingir sua meta.

Perseverança

J. K. Rowling é a famosa autora da série de livros *Harry Potter*. Ela está entre o pequeno número de autores que ficaram famosos e ricos com o que escreveram. No entanto, ela foi rejeitada por 12 editoras antes que *Harry*

Potter e a *Pedra Filosofal* fossem aceitos pela Bloomsbury e mesmo assim pela insistência da filha de 8 anos do presidente da editora. Rowling não desistia e isso é o que perseverança significa. Perseverança implica em uma persistência contínua rumo a um objetivo, a despeito dos reveses e dos obstáculos. Resistência e perseverança combinam para a vitória final.

Qualquer cor contanto que seja preto

Mais próximo do mundo dos negócios, Henry Ford é outro exemplo de perseverança constante. Ele era em parte engenheiro, em parte inventor e em parte empreendedor. Um talento para engenharia e a curiosidade levaram Ford a desenvolver um protótipo de automóvel em seu jardim. Suas habilidades o ajudaram a fundar a Ford Motor Company para construir o protótipo. Em 1924, Ford já havia vendido 10 milhões de Fords Modelo T – o carro famosamente disponível em várias opções de cores contanto que fosse preto. Ao longo de sua vida, a introdução de processos para produção em massa por meio de linhas de montagem mudou irrevogavelmente a natureza da manufatura, algo para o qual, aqui, a expressão, mudança de paradigma é totalmente justificada.

Ford nasceu em 1863 na fazenda de seu pai em Greenfield, próximo a Detroit, no estado de Michigan. Quando menino, ele demonstrou grande interesse por mecânica e adorava desmontar os relógios dos amigos e depois remontá-los. A fazenda era um playground excelente para brincar de engenheiro e ele criou um motor com sucatas enquanto ainda estava nos primeiros anos da escola. Ele vivia em busca de algo para aprimorar. "Mesmo quando ainda muito jovem, eu suspeitava que várias coisas poderiam ser feitas de uma maneira bem melhor", ele observou mais tarde. "Foi isso que me levou à mecânica."[27]

Depois de deixar a escola aos 16 anos, Ford foi trabalhar como engenheiro para a James Flower & Co em Detroit. Para complementar seus magros 2,50 dólares por semana, ele trabalhava para um joalheiro à noite. Nove meses de exaustivas horas depois, Ford mudou para a Dry Dock Engine Works para experimentar um novo tipo de engenharia. Em 1896, ele se tornou engenheiro chefe da Edison, a fabricante de produtos elétricos, em Detroit. Sua forte ética no trabalho e seu veio criativo mantiveram Ford improvisando projetos de engenharia em casa. Seu primeiro protótipo de automóvel foi o Quadricículo, criado no galpão de seu jardim.

As competências operacionais de Ford pareciam ainda pouco desenvolvidas neste estágio inicial de sua carreira. O Quadricículo era grande demais para ser guiado para fora do galpão, forçando Ford a desmontar parte do galpão para liberar sua carruagem inovadora sem cavalos.

Durante oito anos, Ford continuou a trabalhar 12 horas por dia e depois voltava para casa para aprimorar sua invenção. Ainda assim, a despeito do potencial de seu automóvel, ele não conseguiu convencer nenhum investidor a financiar sua invenção. A virada aconteceu quando Ford construiu um carro para as corridas de automóveis de Grosse Point. Embora inexperiente, Ford entrou na competição, dirigiu ele mesmo o carro e venceu notavelmente. Repetiu o feito no ano seguinte, 1902. A vitória atraiu financiadores, e após algumas falsas iniciativas corporativas, a Ford Motor Company entrou em operação. Ao longo dessa trajetória, Ford quebrou o recorde de velocidade em solo para um automóvel de quatro cilindros, dirigindo uma milha sobre a superfície congelada do lago Sinclair em pouco mais de 39 segundos, sete segundos mais rápido do que o recorde existente.

Muito já foi escrito sobre Henry Ford, tanto positiva quanto negativamente (seu estilo de gestão era amplamente reconhecido como coercivo).[28] No lado empresarial, ele transformou algo que antes era privilégio dos abastados, o carro, em uma *commodity* amplamente disponível. Através de sua perseverança, Ford iniciou uma revolução industrial própria baseada em seu Modelo T.

KISS

O que aumenta a persistência e faz as pessoas perseverarem? Um aspecto certamente é ser claro sobre o que deveríamos estar fazendo e não ter uma agenda sobrecarregada. No Capítulo 2, recomendamos que os Anciãos se concentrem em cinco prioridades-chave para manter as coisas simples e precisas. Não sobrecarregue as pessoas ou as confunda com excesso de mensagens e prioridades conflitantes. Tome cuidado com a fadiga de iniciativa e, como sugere a história no início deste capítulo, saiba o que é necessário parar e o que é necessário começar. Este tem sido um bom conselho nos últimos 50 anos. *Keep It Simple, Stupid* (mantenha a coisa simples, estúpido), ou KISS, é um princípio de design usado na Marinha dos Estados Unidos em 1960 e que se tornou popular na década de 1970. O acrônimo foi cunhado por Kelly Johnson, engenheiro chefe da Lockheed Skunk Works (onde foram criados os jatos Lockheed U-2 e SR-71 Blackbird, entre outros). Johnson não estava dizendo que os engenheiros eram estúpidos; muito pelo contrário. O princípio é mais bem explicado pela história de Johnson entregando a uma equipe de engenheiros de design algumas ferramentas, com o desafio de que os jatos que estavam desenhando pudessem ser reparados por um mecânico comum de campo sob condições de combate somente com essas ferramentas. Portanto, o "estúpido" se refere à relação entre a maneira como as coisas quebram e a (falta de) sofisticação dos recursos disponíveis para consertá-las. Portanto, isso significa que a maioria dos sistemas funciona melhor se forem mantidos simples em vez de complexos, que a simplicidade deve ser um objetivo primordial no design e que complexidades desnecessárias devem ser evitadas. O princípio KISS descomplica a execução de estratégia, ajudando as pessoas a serem claras sobre onde querem ir com um foco claro sobre o que precisa ser feito para se chegar lá.

Existem outras duas peças no quebra-cabeça da perseverança. No Capítulo 3, falamos sobre significado no trabalho, para que nos sintamos mais conectados a nossas metas e motivados por elas. Propósito e significado não são a mesma coisa. Propósito acrescenta aspiração a nosso trabalho diário. Ele nos inspira a ter comprometimento com metas mais desafiadoras. O significado nos mantém motivados, com energia para permanecermos engajados e seguir em frente – seremos perseverantes se existir significado em nosso trabalho. Permanecer na estrada para atingir nossos objetivos de longo prazo diz respeito à consistência de metas e a celebrar a conclusão de tarefas ou vitórias de curto prazo. Significado vem do fechamento psicológico, de enxergar uma tarefa por meio de sua conclusão; não de qualquer tarefa, mas uma tarefa importante em que podemos enxergar o que ela agrega ao esforço geral da organização. E então no Capítulo 4 abordamos a conexão através de uma comunicação bilateral para que as pessoas sejam claras sobre o que deveriam fazer, mas para que tenham também a oportunidade de oferecer informações e conselhos e assim adquirir um senso maior de posse de suas tarefas. Resumindo, se as pessoas forem claras sobre os objetivos que estão perseguindo e não lhes forem impostas muitas demandas conflitantes, terão foco, esperança e encorajamento. Elas perseverarão.

Simplicidade e foco, significado e clareza sobre aquilo que fazemos e dizemos são os elementos que nos fazem seguir adiante. Somos claros sobre nosso objetivo final, gostamos do trabalho que nos levará até lá e temos voz ativa sobre o que acontece.

Curto prazo novamente

O maior inimigo da perseverança é a pressão de curto prazo, que a organização enfrenta do mercado. Como uma corporação, você é tão bom quanto seu resultado do último trimestre. A obrigação do CEO é criar uma organização sustentável, conforme medida pelo retorno total para o acionista. Se suas ações não vão tão bem quanto as dos concorrentes, o grito dos acionistas organizacionais mandando você vender suas ações será ensurdecedor. O resultado do próximo trimestre são imediatos e imperativos. Não há dúvida de que você deva dedicar uma parcela significativa de sua atenção para o aqui e agora. O desafio que todos enfrentamos é como continuar perseverando para nossas metas de longo prazo em face ao peso considerável conferido à gratificação do mercado no curto prazo. É um dos dilemas que gera a maior consternação para os executivos, e é um problema verdadeiramente desafiador para resolver.

Os líderes têm um grande impacto na perseverança ao dar o exemplo do foco no longo prazo que desejam instilar nos outros. Ajude as pessoas a desenvolverem bons hábitos para conservar energia e criar persistência para a jornada. A falta de visibilidade é o maior pecado dos líderes; você deve estar no meio de todos, não isolado no topo.

Agora concluímos o kit de ferramentas para a resistência individual. É uma combinação de resiliência, aprender como se recuperar; adaptabilidade, ou manter suas competências atualizadas, continuar relevante e perseverar até que a longa jornada da execução da estratégia, ou transformação organizacional, seja concluída.

Não são apenas as pessoas que precisam desenvolver resistência. As organizações também precisam resistir para poder proporcionar prosperidade de longo prazo aos empregados, clientes, acionistas e outras partes interessadas. Vamos considerar agora como a mesma equação se aplica à organização como um todo.

Resistência organizacional

Vamos examinar a fórmula para a organização propriamente dita. Como resiliência + adaptabilidade + perseverança funcionam neste nível? Por que algumas organizações, assim como organismos vivos, se adaptam e sobrevivem enquanto outras não? Como organizações anteriormente bem-sucedidas são arrastadas para a irrelevância?

Os especialistas em estratégia Gary Hamel e Liisa Välikangas escreveram um artigo com ideias para manter as organizações resilientes.[29] Essencialmente, sua tese é que: "Não importa quão celebrada, uma mudança radical é o testamento da falta de resiliência de uma companhia". Eles enxergam a resiliência organizacional como a capacidade de prever e se ajustar continuamente às tendências de mercado que podem prejudicar permanentemente o negócio. São quatro passos: (1) estar ciente e reconhecer circunstâncias dramáticas de mudança (vencer a negação); (2) diluir o risco por meio de experimentos menores menos arriscados (variedade de valor); (3) evitar continuar a financiar estratégias moribundas (liberar recursos) e (4) explorar novas opções estratégicas (abraçar o paradoxo). O modelo Hamel tem como principal preocupação estar atento e evitar se prender a uma estratégia com validade vencida.

É um bom modelo para criar resiliência estratégica. No entanto, precisamos nos aprofundar um pouco mais para examinar diretamente o desafio de criar resiliência organizacional, a habilidade de se transformar adequada e rapidamente. Hamel pleiteia que uma companhia deve ter *insight* estratégico e verve suficientes para nunca chegar tão perto da morte que a única saída seja uma mudança extrema. Uma vez que a crise se instala, as pessoas naturalmente juntam forças para sobreviver. Isso é bem diferente de criar uma organização que pode responder consistentemente à execução de uma nova estratégia sem hesitar e com a velocidade necessária para responder à pressão das demandas do mercado.

A deificação da liderança

Sabemos que atos simbólicos dos líderes têm um grande efeito sobre nós através de mensagens subliminares que enviam. Se quer que as pessoas colaborem, colabore você também; se quer que as pessoas foquem no cliente, passe uma boa parte de seu tempo visivelmente com os clientes e assim por diante. Mas apenas isso não é suficiente. Conforme vimos no Capítulo 3, uma das razões por que os líderes fracassam em resistir é que recorrem exageradamente ao poder de lideranças carismáticas e deixam de implementar uma mudança real e duradoura. É um erro recorrer exageradamente a uma boa liderança e a seguidores altruístas para fazer o que é certo.[30] Prestamos atenção em como somos avaliados e premiados, assim como em como somos liderados.

Vejamos o modelo clássico da McKinsey dos 7 Ss (*strategy, structure, systems, staff, skills, style* e *supeordinate goals*), que considera sete aspectos internos de qualquer organização que devem estar alinhados se a organização quer ser eficiente. Liderança é importante, mas é apenas um dos sete aspectos. Podemos dividir o modelo em duas seções.[31] Estratégia (ser claro sobre o direcionamento), estrutura (como você está organizado para entregar) e sistemas (disponibilizar a infraestrutura, que inclui tudo, de sistemas de TI a sistemas de pagamento e recompensa) se combinam para formar o "triângulo frio". Chama-se "triângulo frio" porque representa as políticas e as práticas da organização. Do outro lado, pessoal (empregados), competências (capacitação dos empregados), estilo (como os líderes se comportam) e objetivos superiores (valores e cultura, ou "a maneira como fazemos as coisas por aqui") formam o "quadrado quente". Chama-se "quadrado quente" porque diz respeito às pessoas e a como trabalham e se comportam com os outros. Precisamos estar atentos a ambos os aspectos do modelo. Se nos basearmos excessivamente na liderança, fracassaremos quando líderes fracos assumirem o comando ou quando líderes fortes partirem. Precisamos embutir a mudança na estrutura da organização também, se quisermos que a mudança perdure e não seja afetada por líderes individuais (e empregados) conforme passam pela empresa.

O triângulo frio

Falamos anteriormente do conselho de Hamel sobre criar uma estratégia resiliente. Para criar uma organização resiliente, precisamos prestar atenção nas outras duas partes do triângulo frio também – estrutura e sistemas. Portanto, para que a organização crie resistência, precisamos ter sistemas que realmente suportem (em vez de conflitar) com as mudanças que queremos fazer. Por exemplo, se o líder defende a colaboração, mas os empregados são premiados individualmente, então a chance de sucesso será substancialmente menor. Portanto, o primeiro argumento é a favor de sistemas adaptáveis que funcionam com o propósito estratégico geral. Implementar sistemas consistentes que funcionam bem juntos e se comunicam é um desafio constante em organizações globais, que herdam sistemas novos e frequentemente contraditórios cada vez que uma nova companhia é adquirida e acrescentada ao grupo. De modo geral, os sistemas na companhia parecem mais uma engenhoca de Heath Robinson ou de Rube Goldberg* – soluções temporárias usando criatividade e o que estiver à mão, geralmente remendos, ou canibalizações improváveis.[32]

Acrescente uma perspectiva de processo

Processos são geralmente vistos como o lado enfadonho da vida organizacional. Liderança é empolgante; processos dizem respeito a controle. Os processos estão relacionados a atividades rotineiras, habituais, repetitivas, desprovidas de criatividade, inteligência e inspiração, bem, simplesmente tediosas. Pior, aderir a um processo implica em restrição, limitação, menos liberdade para agir e fazer o que se deseja. E processo é simplesmente uma má ideia se significar nos impedir de usar nosso intelecto e liberdade. Mas assim como você usa sua liberdade intelectual, seus colegas fazem o mesmo, cada qual de sua maneira diferentemente aprazível. E o resultado frequentemente é o caos. Você alguma vez já se viu irritado com as ineficiências de sua própria empresa porque as pessoas estão fazendo o que querem? Uma das razões do enorme sucesso da McKinsey é porque adota uma forte abordagem de processo em seu

---

* William Heath Robinson (1872-1944) foi um cartunista e ilustrador inglês conhecido por desenhar máquinas ridiculamente complicadas para alcançar objetivos simples. Reuben Garrett Lucius Goldberg (1883-1970) foi um artista plástico, cartunista, escultor, escritor e engenheiro norte-americano. Como cartunista, sua fama duradoura foi a série de quadrinhos Inventions of Professor Lucifer Gorgonzola Butts. Nesta série, Goldberg desenhou diagramas esquemáticos chamados de "invenções" cômicas do imaginário professor Lucifer Gorgonzola Butts. Uma delas foi o guardanapo auto-operante do Professor Butts. (N.T.)

sofisticado trabalho de consultoria.[33] Precisamos de processos eficientes tanto quanto precisamos de lideranças inspiradoras.

Sistemas e processos bons (TI, recrutamento, recompensa, planejamento sucessório, desenvolvimento, reengenharia, melhoria contínua, inovação, etc.) embutem resistência. É como construir uma casa; a primeira coisa que você decide, quando as fundações já estão prontas e mesmo antes de as paredes serem erguidas, é onde colocar os interruptores e as tomadas. É difícil, porque significa que você precisa pensar no projeto tridimensionalmente, e nem todos conseguem fazer isso. Você essencialmente está planejando um dos principais sistemas que suportam e permitem conduzir a vida na casa. Você conseguiria fazer o mesmo em sistemas redundantes e de apoio, melhor ainda. Em casa, isso significa que nunca vai ficar no escuro. No trabalho, isso lhe proporciona uma chance maior de enfrentar ataques competitivos enquanto sua companhia está em transição. Processos que conflitam com a execução da estratégia nos prejudicam e nos atrasam.

Interdependência de sistemas

Empresas interconectadas criam dependências com fornecedores, *joint--ventures* e outras parcerias. Isso pode funcionar contra ou a nosso favor, seja elevando o risco ou aumentando os recursos disponíveis. Quando começamos a colaborar com outras empresas, é importante verificar o quanto resilientes e adaptáveis são os sistemas e os processos desses parceiros e também como os sistemas deles suportam o pensamento de longo prazo. Que premissas eles contemplam em seu pensamento e planejamento de longo prazo? A interconexão aumenta o risco e deve ser contemplada na escolha de um parceiro de negócios.

Recorrendo ao organograma organizacional

A terceira parte da estrutura triangular. Argumentamos anteriormente neste capítulo contra recorrer ao organograma organizacional rápido demais para sinalizar uma mudança. A reorganização pode criar agitação e confusão desnecessárias e, se usada com muita frequência, pode agir contra o tempo de recuperação de que precisamos se quisermos estar em forma para correr a maratona. A regra prática é "a estrutura segue a estratégia". A estrutura é simplesmente uma arquitetura facilitadora. Reestruturar pode ser muito perigoso porque as pessoas, assim como os animais, lutam mais ferozmente para evitar perdas do que para alcançar ganhos.[34] Qualquer reestruturação irá criar vencedores e perdedores percebidos e reais. Os perdedores se tornarão mais ativos e determinados, e se forem influentes, o resultado poderá ser tendencioso a favor deles. Sob estas circunstâncias, o alinhamento estratégico também pode se transformar facilmente em coalizões políticas em vez criar um verdadeiro foco no que precisa ser alcançado. E por fim, a reestruturação será mais dispendiosa e menos eficiente do que parecia no estágio de planejamento – irá criar agitação, não mudança. Mas às vezes a reestruturação é absolutamente necessária como um facilitador para um processo de mudança que já está em andamento. Não podemos nos basear apenas nos líderes. Para que haja continuidade é necessário que a estrutura organizacional também esteja adequada. Qual a melhor maneira de saber quando é o momento certo para reestruturar?

A forma segue a função
Tony O'Driscoll trabalhou na IBM de 1999 a 2007. Sua última posição foi de chefe de arquitetura de desempenho, onde conduziu o desenvolvimento de técnicas de análise de desempenho para aumentar a produtividade das vendas. Os arquitetos dizem que a forma segue a função, e O'Driscoll concorda. "Você deve seguir os caminhos que a nova estratégia criou e então apresentar uma estrutura organizacional que funcione, antes que as pessoas desistam porque a estrutura antiga está começando a atrapalhar."[35] O'Driscoll descreveu a mudança estratégica que Lou Gerstner (CEO da IBM de 1993 a 2002) iniciou para levar a IBM para a computação (consultoria) e sair dos computadores (manufatura). Passados três ou quatro anos da venda de seu negócio de computadores para a chinesa Lenovo, uma transação avaliada em 1,75 bilhão de dólares no final de 2004 (mantendo apenas uma participação minoritária na companhia), os clientes ainda pediam à IBM para consertar seus computadores. Leva um tempo para os clientes perceberem grandes mudanças estraté-

gicas que as organizações fazem. Gerstner não se apressou em mudar a arquitetura da companhia para corresponder ao novo negócio. O'Driscoll relembra "Parecia que a companhia continuava avançando na ferrovia de seus produtos enquanto nós tentávamos avançar num avião".[36] Trabalhar com a estrutura antiga tornou-se cada vez mais difícil, embora as pessoas sejam criativas quando se trata de fazer o trabalho. O resultado foi que, quando chegou o momento da reestruturação de fato, ela foi bem-vinda. Com que frequência ouvimos pessoas resmungar e reclamar sobre mais uma reorganização indesejada? Com muita frequência. Gerstner conseguiu reverter este comportamento esperando até que os empregados sentissem que a estrutura estava os atrapalhando e respondessem positivamente ao desejo de mudança organizacional.

De volta à Baxi

O Capítulo 4 nos conta a história da Baxi Heating e a reorganização realizada em 1999, que realmente colocou os empregados em primeiro lugar e incutiu um forte senso de posse pela mudança no chão de fábrica. O autor Simon Carter não buscava apenas uma mudança cultural como diretor de recursos humanos e depois CEO. Ele sabia que um foco persistente nos clientes exigiria uma mudança estrutural radical. Era tarde da noite de um sábado de outubro de 1989, e Carter continuava trabalhando de casa muito depois que sua família já havia ido dormir. Pedaços de papel representando as diferentes partes da estrutura da empresa estavam espalhados sobre a mesa de jantar. Conforme as horas passavam, ele se sentia cada vez mais frustrado por não conseguir dar alinhamento à nova estrutura. Seu instinto usualmente confiável falhava em encontrar a inovação que ele buscava. Para aumentar ainda mais sua frustração, a mesa em que estava trabalhando não era grande o suficiente para todos os pedaços de papel que ele precisava dispor, e algumas partes da organização foram postas em ângulos estranhos. Por fim, ficou muito cansado e foi para a cama, mas levantou muito cedo no dia seguinte, depois de uma noite insone.

Quando voltou à sala de jantar, o formato criado pela disposição dos pedaços de papel deixou tudo imediatamente claro para ele. O formato estranho agora parecia círculos dentro de círculos – uma organização com menos hierarquias e mais redes de suporte ao longo de sua estrutura. Cada unidade de negócio estava focada no cliente e nos serviços, tendo o suporte de equipes de produto e produção, todas apontando para a mesma direção – os clientes. Primeiro, ele e os Anciãos mudaram a cultura dentro da Baxi. Agora era hora de assegurar que a estrutura organizacional apoiava e sustentava a cultura. (Avance para 2013, e veja como a estrutura organizacional de conselhos e comitês da Cisco parece notadamente semelhante e circular.)

Para criar uma organização resistente, precisamos fazer mais do que atualizar nosso propósito, o que fazemos e como fazemos. Devemos dar atenção ao triângulo frio e mudar a estrutura e os sistemas para incluir uma mudança de longo prazo – no mínimo até a próxima mudança.

Existe um denominador?

Assim como acontece com qualquer fórmula boa, existe também um denominador. Isto é, se o numerador resiliência, adaptabilidade e perseverança podem lutar pela resistência, não importam quão fortes sejam, existem também elementos que podem enfraquecer ou miná-los. No caso da resistência pessoal, é a desesperança aprendida, descrita no Capítulo 4 – o momento em que desistimos porque nada do que fazemos parece fazer diferença ou nos levar ao sucesso. No caso da resistência organizacional, é uma cultura de medo, em que estamos tão preocupados com o fracasso que evitamos o risco ao ponto em que isso prejudica nossa habilidade de definir metas significativas e perseverar para alcançá-las. Precisamos nos empenhar para eliminar a desesperança e o medo das pessoas e das organizações, caso contrário todo nosso bom trabalho para criar resistência para uma sustentabilidade duradoura será sabotado.

Resumo

Este capítulo aborda o quinto e último passo de nossa estratégia para execução. Ao contrário da formulação de uma estratégia, que se tornou uma corrida de curta distância, associamos a execução de estratégia a uma maratona. É preciso resistência para levar a organização de um anúncio do CEO para uma mudança verdadeiramente incutida, suportada por novos sistemas, processos e estruturas, assim como por novos comportamentos de trabalho e um conjunto de atitudes correspondentes. Precisamos criar resistência pessoal e organizacional, que definimos como uma combinação de resiliência, adaptabilidade e perseverança. No nível pessoal, recomendamos criar resistência através da combinação de um contrato psicológico forte com nossa organização empregadora, assim como permitir um tempo de recuperação para acumular energia, manter nossas competências atualizadas e focar nas tarefas-chave que dão significado a nossa vida no trabalho. No nível organizacional, precisamos construir mas também ir além de uma boa liderança e incutir a mudança através de sistemas de suporte e de uma estrutura organizacional.

Os cinco passos da Estratégia da Execução são: mobilizar a aldeia dos executivos seniores; assegurar que eles sejam liderados pelo time executivo conforme nos empenhamos em reunir os anciãos; lidar com as reações emocionais geradas por uma mudança ao potencializar o emocional; estimular as pessoas do topo até a base da organização, para que de fato adquiram um senso de posse da execução da estratégia e por fim, criar resistência para correr a maratona da execução da estratégia.

No último capítulo, oferecemos um kit de ferramentas de autoavaliação para que você possa identificar o quanto você e sua organização estão preparados para correr a maratona da execução.

Obrigado por juntar-se a nós.

6

Cinco Passos para a Execução da Estratégia

A promessa é a nuvem; cumpri-la é a chuva.
— *Provérbio árabe*

Figura 6-1

Combinando tudo

Agora já conhecemos os cinco passos, ou degraus, conforme mostra a Figura 6-1, começando por mobilizar a Aldeia, o primeiro degrau, e então avançando um por vez até chegar ao último deles, que é uma organização sustentável preparada para o longo prazo. Antes de passar para a autoavaliação, veja a história de uma companhia que ilustra todos os passos em ação.

BPB plc

A British Plaster Board (BPB plc) é uma empresa de materiais de construção e o maior fabricante do mundo de placas de gesso. O desenvolvimento da placa de gesso (que é um sanduíche de gesso entre duas folhas de papel cartonado) remonta ao século XIX nos Estados Unidos. Um americano, Frank Culver, convenceu seu novo empregador, a Thomas McGhie and Sons, a comprar uma fábrica de placas de gesso dos Estados Unidos, a partir de quando este novo produto foi introduzido na Inglaterra. A construção da fábrica começou em 1916, e em 1917 a operação de placas de gesso foi vendida para uma nova companhia, a British Plaster Board Limited (BPB).

O setor de construção inglês demorou para adotar o produto. Com a ajuda de uma planta mais moderna, adquirida em 1927, as vendas aumentaram gradualmente e, em 1932, a BBP abriu seu capital e pôde negociar suas ações na Bolsa de Valores de Londres. Em 1990, foi listada no índice FTSE 100.

No final da década de 1990, a companhia embarcou num programa de melhoria para aumentar sua eficiência e eficácia, principalmente em manufatura e produção. Implementou um programa mundial de reengenharia de processos de manufatura e instalou um sistema de gestão de qualidade total (TQM) para uma manufatura enxuta (*lean manufacturing*). Por meio de processos bastante concisos de mudanças físicas e mecânicas para eliminar práticas sem valor agregado, um novo alinhamento entre cadeia de suprimentos, manufatura, logística e distribuição proporcionou melhorias ao resultado final da empresa. Em 2004, a BPB havia expandido suas operações globais com a combinação de crescimento orgânico e aquisições com valor de mercado de £4,3 bilhões, com 12 mil empregados e 120 plantas de produção no mundo inteiro, atendendo 50 mercados maduros e emergentes.

No aspecto instalações e infraestrutura, a empresa melhorou, mas o então diretor global de marketing, Gareth Kaminsky-Cook, acreditava que as vendas e o marketing não eram capazes de entregar benefícios suficientes para os clientes.

Kaminsky-Cook sabia que criar capacidades de alta qualidade em vendas e marketing, que acompanhassem o que a companhia havia alcançado em operações, seria difícil. Embora sua manufatura de classe mundial fosse fonte de muitos exemplos de caso e modelos de referência, o mesmo não se repetia em relação à excelência em vendas e marketing.

Mudar as rotinas de produção foi relativamente descomplicado, visto que a execução lidou com processos tangíveis e físicos. Se você aprimora um fluxo de processo de trabalho físico, os benefícios são óbvios e imediatos. Vendas e marketing dizem mais respeito a relacionamento e julgamento, e precisariam de um monitoramento de longo prazo para medir uma mudança qualitativa. Kaminsky-Cook desenvolveu uma estratégia para criar excelência no processo de vendas e marketing, embasada num plano para executá-la com uma mudança no programa de gestão.

A estratégia foi intitulada Maximizando a Excelência em Marketing e Vendas, mas rapidamente tornou-se conhecida internamente por MAX. Baseando-se em capacidades de vendas e marketing existentes, a MAX priorizou melhorias em quatro áreas principais: satisfação do cliente, vendas técnicas e soluções, gestão de preços e inovação de produtos/serviços. Trabalhamos junto a Kaminsky-Cook de 2004 a 2008.

Mobilize a Aldeia

Em 2004, a BPB plc era um conjunto de negócios semiautônomos espalhados pelo globo. Havia algumas políticas corporativas, mas muitas práticas (em todas as disciplinas) eram desenvolvidas localmente. Obter alinhamento em uma abordagem comum exigiria cuidado, porque nem todos os diretores administrativos no comando de cada negócio seriam parceiros condescendentes. Eles gostavam de sua autonomia. Mas Kaminsky-Cook sabia que as comunidades de vendas e marketing espalhadas pelo mundo ansiavam por padrões aprimorados e disciplina. Foi nelas que ele identificou sua Aldeia dos 100 principais. Os membros da Aldeia que Kaminsky-Cook identificou seriam os donos locais da MAX, os profissionais de vendas e marketing mais seniores em cada país. Ele acreditava que se conseguisse criar ímpeto, poderia convencer os mais reticentes a adotar novas maneiras de trabalhar.

O processo de mudança tinha quatro estágios. O primeiro era avaliar as práticas existentes, seguido de uma análise da lacuna, ou deficiência, entre o estado atual e o nível de excelência desejado em qualquer uma ou em todas as quatro áreas de desenvolvimento. Eram cinco os níveis de excelência, do mais generalizado na base, subindo em competência para especialista, passando para *expert* na companhia e *expert* no setor, até alcançar o quinto e mais alto nível de capacidade mundial em vendas e marketing. O segundo estágio era criar um plano de desenvolvimento. O terceiro estágio era lançar o processo MAX em países priorizados e o quarto era uma avaliação formal do progresso inicial para criar os alicerces de uma melhoria contínua.

Os profissionais seniores de vendas e marketing em cada país foram envolvidos desde o início na análise das deficiências, portanto estavam bem informados sobre seu potencial de mudança e melhoria. Seu envolvimento precoce significava que também tinham o senso de posse tanto do problema quanto da solução a ser buscada. A Aldeia estava se mexendo.

A BPB era sediada no Reino Unido e o processo de execução da MAX foi planejado para ser expandido em levas de países ao longo de um período de três anos. Os primeiros oito países envolvidos representavam tanto os mercados mais maduros da BPB (Reino Unido, França, Dinamarca e América do Norte) como alguns de seus mais desafiadores mercados emergentes e em desenvolvimento (África do Sul, Índia, Espanha e Polônia). Havia cerca de 90 Aldeãos espelhados pelos oitos países priorizados inicialmente para a expansão.

Reúna os Anciãos

Cada país era liderado por um diretor administrativo (DA). Estes eram os Anciãos espalhados pelo globo. Os Anciãos sancionaram a execução em seus países, mas sem nenhum senso real de urgência ou posse. Não se envolveram diretamente no processo enquanto a análise das deficiências e o relatório de diagnóstico não foram produzidos e apresentados a eles. Para alguns, este nível de análise e *feedback* foi inesperado e desconfortável. Expunha deficiências gritantes. A Aldeia, intimamente envolvida no diagnóstico, estava ávida por melhorias e adicionou pressão pela mudança.

Os DAs dos primeiros oito países (um grupo informalmente referido como G8), juntamente com os campeões de vendas e de marketing da matriz, formaram um grupo de consultoria para o processo de execução como um todo. Esses 11 indivíduos eram os Anciãos definitivos da Aldeia. Desde o princípio, foi definido que o grupo de consultoria lideraria a MAX. Os membros deste grupo davam visibilidade e credibilidade à iniciativa corporativa.

Inicialmente, foi difícil obter um verdadeiro senso de comunidade neste grupo. Os DAs competiam entre si, às vezes ao estremo. Cada um tinha uma tendência forte e natural de querer ser visto como o melhor da empresa. O problema era que, assim como a maioria dos Anciãos, eles tinham o poder de fazer o processo ter sucesso ou fracassar. Os DAs tinham a voz mais poderosa. Eles receberam o mesmo treinamento que os times locais, mas foram encorajados a liderar (não possuir) a intervenção. Isso consumia tempo, e alguns dos Anciãos inicialmente mostraram-se relutantes em apoiar o que viam como um projeto de eficácia duvidosa e que exigia tempo. A prova do sucesso só viria dos resultados após a expansão, o que para alguns era um tiro no escuro por ser muito arriscado. Os descrentes estavam inclinados a não oferecer suporte, não se comprometer com as ações ou a agir lentamente. Em contrapartida, aqueles que aceitaram a ideia começaram a mostrar uma verdadeira paixão pela mudança e visivelmente a lideraram. Foi iniciada a partida.

Kaminsky-Cook manteve a calma e continuou pressionando gentil, mas firmemente. Alguns Anciãos relutaram em proporcionar toda a liderança necessária, e o fracasso em alguns países teve relação direta com a inabilidade dos DAs de liderar. Era preciso lidar com isso sem subterfúgios. Em um dos países, o programa foi interrompido pelo time da MAX até que os executivos estivessem apropriadamente comprometidos. Alguns Anciãos de peso começaram a expressar publicamente dúvidas sobre os benefícios alegados, e a mudança esteve à beira de ser sabotada. *Timing* é tudo. Felizmente, o sucesso imediato nos países que abraçaram a mudança criou a confiança que Kaminsky-Cook foi capaz de alavancar. Conforme se constatou, alguns Anciãos eram comunicadores naturalmente eficientes, mas alguns precisavam de ajuda para transmitir suas mensagens. À medida que a confiança na mudança cresceu, eles se dispuseram a aceitar ajuda de que precisavam para que as coisas avançassem.

Potencializando o emocional

MAX era 20% mudança de processo e 80% mudança de atitude. O time de Kaminsky-Cook havia construído uma estrutura tal que pela primeira vez os países poderiam ser avaliados numa plataforma comparativa. Os cinco níveis de capacitação, de generalista até classe mundial, trouxeram disciplina à avaliação e instilaram um verdadeiro senso de ambição em aspirar um nível mais alto de desempenho.

Depois que o diagnóstico e a análise de deficiências foram digeridos pelos times de DA, o treinamento foi iniciado. O evento de lançamento em casa país reuniu toda a equipe de vendas e de marketing local e deveria ser desafiador e inspirador. Em alguns países, só reunir todos já foi um desafio. O dia do lançamento contou com o suporte dos campeões de vendas e marketing da matriz para cada um dos quatro elementos da iniciativa de mudança, que foi apresentada por eles trabalhando em conjunto com as equipes locais de vendas e marketing.

Era o momento de conquistar a aceitação de um público mais amplo e era um evento muito importante. O conteúdo do lançamento tinha como objetivo transmitir segurança e ao mesmo tempo lidar com desafios emocionais e a relutância em mudar. O treinamento criou novas competências e confiança. (O pessoal de vendas e de marketing está preparado para ser bom em entender a psicologia e as emoções humanas, porque é isso que guia o comportamento do comprador.) Também tinha o propósito de aumentar a empolgação; por exemplo, o lançamento na África do Sul teve como abertura uma dança Zulu. O lançamento na Alemanha, uma apresentação de abertura bastante formal foi alegrada por um treinador posicionado exatamente atrás do apresentador enfiando seus braços entre os braços do apresentador, fazendo sinais exagerados com as mãos. Um pouco de irreverência deixou as pessoas descontraídas e tornou o evento memorável – indicou que o caminho à frente deveria ser divertido e transformador.

Estimule as pessoas

Após o lançamento, os times locais começaram a trabalhar na melhoria do desempenho. Cada time definiu uma agenda de mudança construída com base nas quatro áreas de melhoria. A sequência da mudança foi determinada pela análise das deficiências e com a concordância do campeão da matriz. Cada time definiu metas em seis ou sete áreas e desenvolveu projetos e planos de ação para realizá-las. Esses projetos incluíam cada função, porque a jornada rumo a ser mais voltado para o mercado era uma mudança de cultura para a BPB. Afetaria todas as funções, e as mensagens deveriam ser comunicadas em todas as direções de cada canal. Os projetos focavam rigidamente nas quatro áreas de melhoria para que a BPB pudesse se manter nos trilhos e alcançar um foco mais forte no cliente.

Uma cultura de execução diz respeito a comunicação, senso de posse e acompanhamento. Comunicação e senso de posse foram criados ao longo da fase de diagnóstico, lançamento e eventos presenciais de um dia. Foi lançada uma revista da MAX com notícias e atualizações. O acompanhamento se deu por um processo de auditoria global conduzido centralmente. Havia checagens virtuais regulares sobre o progresso com os times locais, e a dinâmica e o ritmo eram deliberadamente acelerados. Havia também revisões presenciais mais formais de um dia, em que apresentações PowerPoint foram banidas. Os times deviam preparar roteiros descrevendo o processo, a atitude e as mudanças comportamentais que promoveram. No final do dia de revisão, o campeão da matriz e o time local chegavam a um acordo sobre metas de melhoria de desempenho, e o ciclo deveria se repetir em intervalos de seis meses. Cada revisão também alocava tempo para se aprender mais sobre gestão de mudanças e um espaço para uma revisão individual entre o campeão MAX da matriz e o líder local, DA. Os eventos de um dia eram cheios de ação, estimulantes e criativos. A empolgação estava no ar.

Com o tempo, histórias de excelência e realizações começaram a surgir. Após um ano, os campeões da matriz começaram a construir redes entre países e centros de *expertise* locais. Estes evoluíram para comunidades de excelência, e as pessoas dessas comunidades se reúnem anualmente para compartilhar melhores práticas e refinar a estrutura e a arquitetura do programa MAX. Os dentes da engrenagem se multiplicaram e ganharam impulso e velocidade.

Crie resistência

Em três anos, o programa acabou sendo expandido para 24 países. A agenda de lançamentos, auditorias e workshops de excelência dos campeões MAX era exaustiva. Como os países estavam reunidos em grupos de seis ou sete, não era incomum que esses campeões visitassem quatro ou cinco países em dias consecutivos para apresentar o programa. De Londres a Bangcoc, Kuala Lumpur, Xangai e uma parada final em Mumbai era uma semana típica. O ciclo em cada país era de 18 meses e a agenda se tornou complicada e extenuante quando os 24 países já estavam envolvidos, cada um num estágio diferente do ciclo. Os campeões necessitavam de muita energia e persistência para dar conta, e com o tempo novos campeões foram recrutados.

Ficou claro desde o início que a diferença entre as implementações bem-sucedidas e as nem tanto era a atitude e a convicção do líder local, o DA. Os Anciãos fazem diferença, e onde lhes faltou adaptabilidade, o progresso foi lento. Kaminsky-Cook e seu time continuaram seguindo em frente. Não permitiram que obstáculos os desviassem do caminho e reconheceram que se tratava de mudanças radicais que necessitariam de uma mudança comportamental substancial para alguns países. A perseverança e a resiliência dos membros do time de Kaminsky-Cook aumentou sua credibilidade e confiabilidade, o que por sua vez gerou confiança nos times locais e o que então aumentou a aceitação do DA local. Era um ciclo virtuoso.

O programa MAX evoluiu com o tempo. As comunidades de excelência permitiram uma flexibilidade dos processos para atender a condições locais sem comprometer os princípios fundamentais. Acima de tudo, a matriz e os campeões locais continuaram se adaptando ao longo do tempo para atualizar e remodelar metas conforme ultrapassavam os marcos estabelecidos. As ondas de lançamentos cresceram para um tsunami inevitável de mudanças.

A BPB reconquistou seu ligar no Índice FSTE 100 em junho de 2005, após uma ausência de 14 anos. A companhia aceitou uma oferta de aquisição da Saint Gobain avaliada em £3,9 bilhões. Em dezembro de 2005, a BPB foi adquirida. A Saint Gobain deu continuidade ao programa MAX e, em 2007, mais de 30 milhões de euros em ganhos financeiros foram identificados com as ações empreendidas.

O que é necessário

Esta é a realidade de uma execução de estratégia bem-sucedida. É necessário tempo, energia, esforço e foco. É sistêmico. Você não consegue engolir uma pílula mágica ou puxar uma ou duas alavancas e está tudo feito. É por isso que a dividimos em cinco passos. Nem sempre é fácil, mas, se você perseverar até o fim, será imensamente gratificante. Uma mudança bem-sucedida possibilita a sustentabilidade de longo prazo para a organização e garante o emprego. Não realizar a mudança resulta em confusão, agitação e em um excesso de iniciativa, conforme você tenta reiniciar o processo de mudança fracassado. Não podemos subestimar o esforço necessário para entregar as metas de curto prazo da estratégia presente ao mesmo tempo em que nos esforçamos para entregar uma nova estratégia. Criar uma nova estratégia é um trabalho complexo, mas os verdadeiros heróis e heroínas das organizações são aqueles que executam com eficiência e convicção.

Os cinco passos da execução da estratégia são exigentes e sequenciais. É difícil – senão impossível – avançar pulando etapas. Todos são importantes. Nossos cinco passos têm o objetivo de lhe dar confiança, assim com de ser uma estrutura básica a partir da qual você constrói seu próprio esquema e processo de execução. Por mais que as estratégias sejam planejadas com coerência, lógica e atividades sequenciais, a prática da execução não é linear, mas confusa, dinâmica e circunstancial.

No mundo dos negócios atual interconectado e voltado para o imediatismo, aparentemente perdemos nossa tolerância por coisas que requerem tempo. Existe o movimento *slow food* para a alimentação, mas não há um equivalente para os negócios. Somos remanejados para o próximo trabalho antes que tenhamos a oportunidade de acompanhar ou medir o impacto do anterior. Somos seduzidos pela lisonja de estar sob demanda, e com nosso celular sempre em mãos, a ocupação assume o comando e nos impede de conectar com os outros para que eles sintam e sejam donos da execução da estratégia. Essa compulsão dissipa nossa empatia e nos deixa impacientes para que os outros avancem na mesma velocidade que a nossa. Nosso comportamento funciona como uma referência pobre para a comunicação, o senso de posse e o acompanhamento que suporta uma cultura de execução.

A execução de estratégia requer tempo.

Tentar avançar rápido demais leva ao fracasso devido à falta de senso de posse, direção, estímulo e crença. Fazendo uma análise, o quão ágil, flexível e adaptável é sua organização e o quão pronta ela está para a mudança? Que impulso você pode gerar para conduzir o progresso numa velocidade apropriada que assegure que objetivos sejam atingidos sem que haja tropeços? Criar impulso é uma questão bom senso. Avance rápido demais, e você corre o risco de fracassar em atingir o verdadeiro senso de posse, e aumenta perigosamente sua confiança ao confundir o comportamento dos outros com comprometimento quando, na verdade, é conformidade. Avance devagar demais, e as colisões de forças relutantes se fortalecerão e criarão suas próprias redes de infecção.

Por fim, um pensamento sobre liderança. Acreditamos que a maioria das pessoas vai trabalhar todos os dias pronta para ser eficiente. Grande parte delas são seguidores, e execução é tudo o que experimentam – é a realidade de sua vida de trabalho. Elas não têm o privilégio de liderar a execução da estratégia. O que sentem sobre seu trabalho diário de execução resulta do que você como líder as faz sentir. Elas inspecionarão a lógica de seu argumento conforme buscam encontrar sentido na estratégia. Mas acima de tudo, elas testarão sua confiabilidade e decidirão se podem confiar em você para conduzi-las a um lugar novo e diferente.

Quão bom você é?

Guia de autoavaliação

Mobilize a Aldeia

1. Você identificou sua Aldeia dos 100 principais? (Quem são os Aldeãos, e quantos deles há)?
2. As pessoas certas estão na Aldeia? (Como chegaram lá? Elas são os verdadeiros influenciadores na execução da estratégia?)
3. A Aldeia se reúne ao menos duas vezes por ano?
4. A Aldeia tem um senso de identidade e comunidade?
5. O que você está fazendo para tornar os membros da Aldeia uma comunidade mais visível e unificada?
6. Como você encoraja cada membro individualmente a se alinhar a comportamentos voltados para a comunidade e como os avalia quanto a isso?
7. Eles consegue articular a estratégia claramente para os outros, com energia, conhecimento e convicção?
8. Eles têm senso de posse da execução da estratégia? Como você está desenvolvendo os Aldeãos para assumirem a verdadeira posse?

9. Você tem coragem de confrontar e retirar as pessoas erradas?
10. Como os membros da Aldeia se relacionam com os Anciãos (eles estão sendo bem conduzidos)?

Reúna os Anciãos

1. Quem são seus Anciãos (mais do que simplesmente o time executivo que trabalha junto ao CEO, nem todo o time executivo, alguns outros influentes)?
2. Estes sabem claramente que tipo de estratégia você está perseguindo?
3. O CEO desafiou ou afastou Anciãos que não entendem ou não concordam com a estratégia?
4. Os Anciãos estão demonstrando o tipo de liderança que corresponde ao tipo de estratégia perseguida (eles são críveis e confiáveis)?
5. Seus Anciãos colaboram bem? (Se eles fazem Política com "P" maiúsculo, já foram desafiados a jogar limpo com os outros?)
6. Os Anciãos concordaram com o CEO sobre as quatro ou cinco prioridades estratégicas patentes e claras que substituirão prioridades anteriores – e não agregadas a elas?
7. A inteligência emocional dos Anciãos é tão bem desenvolvida e utilizada quanto seu intelecto?
8. Seus Anciãos lideram a execução da estratégia em vez de procurarem eles mesmos executá-la? (a aldeia está motivada a ser liderada por eles)?
9. Os Anciãos estão falando sobre o que realmente interessa para chegar a um verdadeiro consenso sobre a estratégia e sobre como executá-la?
10. Os Anciãos implementam boas práticas para uma governança eficiente e eficaz e um suporte apropriadamente incisivo para a execução?

Potencializando o emocional

1. Você toma decisões largamente baseadas em lógica e evidências (você às vezes se vê imobilizado por uma paralisia de análise)?
2. Você entende o papel que a emoção e o instinto desempenham na tomada de decisão (você pode confiar em seu instinto e evitar propensões)?
3. Os consultores que você contrata são criativos o bastante e falam o idioma de seu negócio (ou esperam que você fale o deles)?
4. Você entendem as fases emocionais pelas quais as pessoas passam quando estão frente a uma mudança?
5. Você consegue demonstrar os comportamentos certos que dão suporte aos outros durante as fases emocionais da mudança (abraços metafóricos, ouvir, ser influenciado para ser mais influente)?
6. Se você está à frente na curva da mudança, consegue controlar suas reações e impaciência enquanto espera que os outros o alcancem?
7. Você consegue se conectar com os outros para que possa defender consistente e frequentemente a mudança por entender o que eles esperam obter com ela?
8. Você vivencia verdadeiramente as mudanças que quer ver nos outros (você transmite confiança a eles)?
9. Sua organização tem propósito e visão (e você sabe a diferença entre os dois)?
10. Seu trabalho e o trabalho dos outros têm significado (me identifico com o trabalho, sinto que é importante, consigo ver resultados tangíveis e sei como estou me saindo)?

Estimule as pessoas

1. Você identificou as diferentes aldeias em sua organização que devem se reunir para uma conversa a fim avançar em conjunto na execução da estratégia (e você deixou claro que todos têm o mesmo valor)?
2. Você entende que uma cultura de execução é uma combinação de comunicação, senso de posse e acompanhamento?

3. Em vez de comunicar, você sabe como conectar?
4. Quando foi a última vez que teve treinamento para aprimorar suas competências?
5. Você se sente dono da estratégia, ou sente desesperança conforme a execução avança em sua direção ou sobre você (você sabe quanto poder de fato tem)?
6. Você trabalha em uma empresa castradora (ou as pessoas podem compartilhar suas visões sinceramente e sem medo de represálias)?
7. Você consegue aprender com o fracasso assim como com o sucesso?
8. As pessoas são vistas realmente como o principal patrimônio em sua organização (e como estão em primeiro lugar)?
9. Existe uma orientação para desempenho em sua organização (os gerentes entendem, são donos e usam de fato o sistema de gestão de desempenho)?
10. As pessoas fazem acompanhamento das metas e medem as realizações, não a atividade?

Crie resistência

1. Você treinou para a maratona da execução de estratégia (você está física e mentalmente forte, atingiu o status de elite em competências essenciais, está confiante, consegue vencer a monotonia)?
2. Você comemora cada marco alcançado para que se sinta estimulado a correr até a linha de chegada?
3. Você sabia que resistência é uma combinação de resiliência, adaptabilidade e perseverança?
4. Você é resiliente (como você se recupera de uma adversidade)?
5. Você se permite um descanso adequado e um tempo de recuperação?
6. Você tem um contato psicológico sólido, confiável e mutuamente benéfico com sua organização?
7. Você é adaptável (suas competências e habilidades estão atualizadas e são relevantes para os desafios organizacionais atuais)?

8. Você consegue perseverar diligentemente até que metas sejam atingidas e a execução seja concluída (você consegue resistir à pressão no curto prazo para continuar avançando no longo prazo)?
9. Você tem a resistência e a paciência para correr a maratona da execução da estratégia (uma maratona após a outra)?
10. Quão resistente é sua organização (você conta com bons sistemas e estruturas de suporte para suas iniciativas assim como uma forte liderança para elas)?

Como você se saiu?
Boa Sorte!

Notas

Introdução

1. Plunkett Research Ltd., plunkettresearch.com, veja "Introduction to the Consulting Industry".
2. Joseph Isern e Caroline Pung, "Organizing for Successful Change Management: A McKinsey Global Survey", *McKinsey Quarterly*, junho 2006.
3. John P. Kotter e col., *HBR's 10 Must Reads on Change Management* (Cambridge, MA: Harvard Business Press Books, 2011).
4. Yang Li, Sun Guohui, e Martin J. Eppler, "Making Strategy Work: A Literature Review on the Factors Influencing Strategy Implementation", ICA Working Paper 2, Business School, Central University of Finance and Economics, Beijing, China e Institute of Corporate Communication, University of Lugano (USI), Lugano, Switzerland.

Capítulo 1

1. Sam Walton foi fundador do Walmart. O Walmart voltou a ser a número na lista das 500 melhores empresas da revista Fortune em 2013.
2. O Fórum Econômico Mundial é uma fundação sem fins lucrativos com base em Genebra. Todo os anos, ele conduz uma reunião em Davos, Suíça, que reúne o líderes empresarias, líderes políticos internacionais, intelectuais selecionados e jornalistas para discutir os assuntos mais preocupantes que o mundo enfrenta.
3. Ben Worthen, "Cisco CEO John Chambers' Big Management Experiment", 5 de agosto, 2009, http://blogs.wsj.com.
4. Ellen McGirt, "How Cisco's CEO John Chambers Is Turning the Tech Giant Socialist", *Fast Company*, dezembro-janeiro de 2009.
5. Entrevista do autor com Dominique Fournier.

6. George A. Miller, "The Magical Number Seven, Plus or Minus Two: Some Limits on Our Capacity for Processing Information", *Psychological Review*, vol. 63, no. 2, 1956, pp. 81-97. Este artigo, escrito por um psicólogo cognitivo da Universidade de Princeton, é um dos trabalhos mais citados em psicologia. A *Lei de Miller* argumenta que a maioria das pessoas armazena apenas de 5 a 9 itens de informação na memória de curto prazo, o número mágico 7 ± 2. O mundo gira mais rápido hoje devido à hiperconectividade proporcionada pela tecnologia Acreditamos que cinco seja o novo número mágico, que substitui o sete.

7. D. Nelson, *Frederick W. Taylor and the Rise of Scientific Management* (Madison, WI, University of Wisconsin Press, 1980).

8. David Jackson e John Humble, "Middle Managers: New Purpose, New Directions", *Journal of Management Development*, vol. 13, no. 3, 1994, pp. 15-21.

9. "Thawing Out GM's Frozen Middle", *Business Management Daily*, 4 de julho, 2013.

10. Tom Peters, *Liberation Management: Necessary Disorganization for the Nanosecond Nineties* (Nova York: Alfred Knopf, 1992).

11. "Middle Managers; Saving David Brent", *The Economist*, 15 de agosto, 2011. A referência a David Brent diz respeito à popular série de TV *The Office*, em que gerentes médios como Brent interpretado por Ricky Gervais são egocêntricos e incompetentes.

12. Marcus Buckingham e Curt Coffman, *First Break All the Rules: What the World's Greatest Managers Do Differently* (Nova York: Simon and Schuster, 1999).

13. Wayne F. Cascio, "Downsizing: What Do We Know? What Have We Learned?" *Academy of Management Perspectives*, vol. 7, no. 1, 1º de fevereiro, 1993, pp. 95-104.

14. Joe Ryan, "Caught in the Middle: Why Developing and Retaining Middle Managers Can Be So Challenging", Knowledge@Wharton, 28 de maio, 2008.

15. Você poderia argumentar que deveria ser uma aldeia, mas isso é uma construção gramatical britânica (em que *aldeia* se torna *vila ou povoado* quando adquire o direito de construir sua própria igreja), enquanto *vila* assume este significado em muitas culturas. N.T.: Para fins da tradução foi mantido o termo *aldeia*.

16. Roger I. M. Dunbar, "Neocortex Size as a Constraint on Group Size in Primates", *Journal of Human Evolution,* vol. 22, no. 6, junho 1992, pp. 469-493.

17. Nós também nunca ouvimos falar deles. Os Huteritas são um ramo comunal dos Anabatistas cujas raízes, assim como os Amish e os Menonitas, datam da Reforma ocorrida no século XVI. Os Huteritas acreditam numa vida comunal e no pacifismo.

18. Entrevista de Richard Branson realizada por Jason Ankeny, *Entrepreneur,* 19 de junho, 2012.

19. "The World's Biggest Public Companies", *Forbes,* lista da Forbes Global de 2000, www.forbes.com/global2000.

20. "Sir John Bond Lays Bare HSBC's Strategy for Gaining Ground", *Thebanker.com,* 10 de junho, 2003.

21. Justin Sullivan, "HSBC Ends US Subprime Lending", *Boston Globe,* 3 de março, 2009. "É uma aquisição que gostaríamos de não ter feito com o benefício da retrospectiva, e há lições a aprender."

22. Entrevista do autor com Irene Dorner. Note que Dorner usa o termo *elevador* para se referi a um resumo conciso de qualquer mensagem que pode ser facilmente entendido em um período curto de tempo.

23. James C. Collins, *Good to Great: Why Some Companies Make the Leap... and Others Don't* (Londres: Random House U.K., 2001).

24. Entrevista do autor com David Levin.

25. Nada cresce no permafrost. Por sobre ele, pode haver uma fina camada ativa que degela ocasionalmente no verão. A vegetação só consegue sobreviver nesta camada ativa, visto que só é possível haver florescimento no solo totalmente descongelado durante esta época do ano.

26. John Hagel and John Seely Brown, "Harrah's New Twist on Prediction Markets", Businessweek.com, Innovation and Design, 22 de dezembro, 2008.

27. "The World's Biggest Public Companies", *Forbes,* Forbes Global 2000 list.

28. Entrevista do autor com Tom Albanese.

29. Ibid.

30. Em *A Cabana do Pai Tomás* (1852), Harriet Beecher Stowe descreve a personagem Topsy como uma escrava jovem rebelde e rude que a Sra. Ophelia

tenta educar. No Capítulo 20, em uma conversa entre Ophelia e Topsy, a menina, que nunca conheceu os pais, decide que ninguém a concebeu — *ela simplesmente cresceu.*

31. Albert Hirschman, *Exit, Voice, and Loyalty: Responses to Decline in Firms, Organizations, and States* (Cambridge, MA: Harvard University Press, 1970). Pesquisa no contexto de lealdade do consumidor.

32. Entrevista do autor com Karina Robinson.

33. Ibid.

34. Entrevista do autor com Nick Forster.

35. Ibid.

36. Defensor é alguém que acredita nas mesma coisas que você, que o apoia e pode convencer os outros a lhe seguir. Cuidado com os "defensores eloquentes" que entendem o "novo mundo" rapidamente e então disparam para fazer as coisas acontecerem. Eles costumam assustar e afastar as pessoas. Veja Liz Mellon, *Inside the Leader's Mind – Five Ways to Think Like a Leader* (Upper Saddle River, NJ: Prentice Hall, 2011).

37. Entrevista do autor com Irene Dorner. Stephen Bungay fala sobre algo semelhante, embora menos visual, em seu livro *The Art of Action* (Londres, UK: Nicholas Brealey Publishing, 2011).

38. Dennis Hevesi, "Colin Marshall Dies at 78; Helped Turn Around British Airways", *The New York Times,* 13 de julho, 2012, p. B10.

39. Entrevista do autor com um ex-CEO que pediu anonimato.

40. O termo *cobertura aérea* refere-se a uma aeronave usada para proteger e dar suporte a tropas em terra.

41. Steve Kerr, o acadêmico americano que foi central na criação da famosa universidade de treinamento da GE em Crotonville, Nova York, escreveu o artigo "On The Folly of Rewarding A While Hoping for B", *Academy of Management Journal,* 1975, pp. 769-783.

Capítulo 2

1. Yves Doz e Mikko Kosonen, "The Dynamics of Strategic Agility: Nokia's Rollercoaster Experience", *California Management Review,* 2008.

2. Dave Lee, "Nokia: The Rise and Fall of a Mobile Giant", BBC News, Tecnologia, 3 de setembro, 2013.

3. Markku Ruottinen, "Nokia CEO Stephen Elop Admits Failure to Foresee Sector Changes", *Aamulehti* (jornal diário mais importante na Finlândia), 28 de junho, 2012.

4. Dave Lee, "Nokia: The Rise and Fall of a Mobile Giant", BBC News, Tecnologia, 3 de setembro, 2013.

5. Nic Fildes, "Finland's Finest Concedes Defeat and Hands Itself to Microsoft for €5 bn", *The Times,* 4 de setembro, 2013.

6. Stephen Elop, "Full Text: Nokia CEO Stephen Elop's 'Burning Platform' Memo", *TechEurope,* blog editado por Ben Rooney, com contribuições do *The Wall Street Journal* e da Dow Jones Newswires, 9 de fevereiro, 2011.

7. Entrevista do autor com um Aldeão anônimo.

8. J. E. Rosenbaum, "Tournament Mobility: Career Patterns in a Corporation", *Administrative Science Quarterly,* vol. 24, no. 2, pp. 220-241.

9. Scott DeCarlo, "The World's Biggest Companies", *Forbes,* 18 de abril, 2012.

10. Tuomo Peltonen, "Facing the Ranking from the Past: Tournament Perspective on Repatriate Mobility", *International Journal of Human Resource Management,* vol. 8, no. 1, 1997, pp. 106-123.

11. Arthur Jensen, *Straight Talk About Mental Tests* (Nova York: Free Press, 1981).

12. Daniel Goleman, *Inteligência Emocional: Por que ela pode ser mais importante que o QI* (Rio de Janeiro: Objetiva, 1996).

13. Entrevista do autor com Sir Jeremy Greenstock.

14. Marshall Goldsmith, *What Got You Here Won't Get You There* (Nova York: Hyperion, 2007).

15. Warren G. Bennis e James O'Toole, "Don't Hire the Wrong CEO", *Harvard Business Review,* 1º de maio, 2000.

16. J. B. Leslie e E. Van Velsor, *A Look at Derailment Today: North America and Europe* (Greensboro, NC: Center for Creative Leadership, 1996).

17. John P. Kotter, *Liderando Mudança* (Rio de Janeiro: Elsevier, 1997).

18. Entrevista do autor com Jeremy Pelczer.

19. É claro, temos de nos preocupar com equipes disfuncionais também, com práticas ruins como pensamento grupal, em que cada membro da equipe adota a visão geral de maneira míope, mesmo que esta visão seja falha. Para saber mais sobre isso e tópicos similares, leia *The Five Dysfunctions of a Team* de Patrick Lencioni, (San Francisco: Jossey-Bass, 2002).

20. Entrevista do autor com David Levin.

21. Growth-Share Matrix é um gráfico criado por Bruce Henderson para o Boston Consulting Group em 1970 para ajudar as corporações a analisar suas unidades de negócios ou linhas de produtos. "Estrelas" são companhias com o maior potencial de crescimento futuro segundo esta matriz, e as empresas são aconselhadas a investir nelas.

22. Você pode tirar consultores da escola de administração, confessamos que é mais difícil tirar a escola de administração dos consultores. Caímos facilmente na armadilha da matriz clássica 2 x 2 usada por todas as escolas de administração, tendemos a enxergá-la por toda parte — portanto, não poderíamos deixar David Levin com um modelo de três categorias.

23. Eugene J. McCarthy, James J. Kilpatrick e Jeff MacNelly, *A Political Bestiary: Viable Alternatives, Impressive Mandates, and Other Fables*, (Nova York: McGraw-Hill, 1978).

24. Ruth Alexander, "Which Is the World's Biggest Employer?" *BBC News Magazine*, 20 de março, 2012.

25. Entrevista do autor com Jeremy Pelczer.

26. Entrevista do autor com Tony O'Driscoll. (Armonk, na cidade de North Castle, NY, é a matriz da IBM nos estados Unidos.)

27. Louis V. Gerstner, Jr., *Who Says Elephants Can't Dance?: Inside IBM's Historic Turnaround* (Nova York: HarperCollins, 2002).

28. Professor Cliff Bowman da Cranfield University cunhou o termo "ZOUD", um acrônimo para "the zone of uncomfortable debate", zona do debate desconfortável. Cliff Bowman, "Strategy Workshops and Top-Team Commitment to Strategic Change", *Journal of Managerial Psychology*, vol. 10, no. 8, 1995, pp. 4-12.

29. Segundo o *Oxford English Dictionary* a mais antiga referência a "bandeira vermelha" data de 1602; descreve que na época a bandeira era usada pelas forças militares para indicar que estavam se preparando para a batalha.

30. Vira-Tempo é um dispositivo ficcional que permite viajar no tempo e que se parece com uma ampulheta num colar. A personagem estudiosa Hermione

Granger ganhou do Professor McGonagall no livro de J. K. Rowling , *Harry Potter e o Prisioneiro de Azkaban* (Rio de Janeiro: Rocco, 2001), para que pudesse assistir a duas aulas ao mesmo tempo.

31. Roubado de *Star Trek,* onde a regra principal era não interferir no desenvolvimento interno de civilizações alienígenas.

Capítulo 3

1. Pramod Bhasin foi presidente e CEO da Genpact, uma spin-off da GE, que ele fundou em 1997 enquanto ainda trabalhava lá. Atualmente ele é vice-presidente do conselho da Genpact.

2. O termo "cisne negro" vem da expressão em latim *"rara avis in terris nigroque simillima cygn"* ("uma ave rara nas terras, muito semelhante a um cisne negro"). Em inglês, quando o termo foi cunhado, não se supunha que existisse um cisne negro. Eventos cisne negro foram introduzidos por Nassim Nicholas Taleb em seu livro de 2001 *Fooled By Randomness,* para denotar eventos inesperados com consequências importantes, tais como o advento do computador pessoal.

3. Nigel Nicholson, *Executive Instinct* (New York: Random House/Crown, 2000).

4. Daniel Kahneman, *Thinking, Fast and Slow.* (Londres: Allen Lane, 2011).

5. Entrevista do autor com Jeremy Pelczer.

6. Antoine Bechara, Hanna Damasio, Antonio R. Damasio e Gregory P. Lee, "Different Contributions of the Human Amygdala and Ventromedial Prefrontal Cortex to Decision-Making", *Journal of Neuroscience, 1º de* julho, 1999.

7. Anita Roddick, *Body and Soul: How to Succeed in Business and Change the World,* autobiografia (Londres: Random House/Vermilion/Ebury, 1992.).

8. Entrevista do autor com David Levin.

9. Salvos pela Wikipédia. A alegação de que "existem muitas palavras em esquimó para neve" é uma ideia disseminada, porém controversa, de que os esquimós usam um número incomum de palavras para se referir a neve. Na verdade, os idiomas esquimó-aleútes têm cerca do mesmo número de raízes para palavras que se referem à neve do que o inglês, porém a estrutura dessas línguas permite modificar essas raízes de maneira mais variada para formar uma palavra única.

10. Hans Christian Andersen, "A Nova Roupa do Rei", 1837. Um conto sobre dois tecelões que prometem ao rei uma nova roupa que ficaria invisível naqueles que não estão à altura de sua posição, que são burros ou incompetentes. Quando o rei desfila perante seus súditos, uma criança grita "Mas ele está sem roupa!". A moral censura a vaidade.

11. Esta frase foi cunhada por Tom Peters em 1978 quando era consultor da McKinsey. Ele esteve com o presidente da Hewlett-Packard, John Young, que a descreveu para ele como um dos segredos da Hewlett-Packard. Peters continua sendo um grande fã dela até hoje.

12. Entrevista do autor com Nick Forster.

13. Daniel Goleman, *Inteligência Emocional* (Rio de Janeiro: Objetiva, 1997).

14. Fãs da série *Star Trek* compilam listas de cenas em que o usualmente racional Dr. Spock se mostra surpreendentemente emocional.

15. Entrevista do autor com uma executiva sênior anônima da AstraZeneca e GlaxoSmithKline.

16. Nossas desculpas para Dan Ariely por usar o título de seu livro, mas simplesmente funciona aqui.

17. O modelo Kübler-Ross, comumente referido como os *cinco estágios do luto*, é uma hipótese introduzida por Elisabeth Kübler-Ross em seu livro de 1969, *Sobre Morte e Morrer*, inspirado em seu trabalho com pacientes terminais. A hipótese de Kübler-Ross era de que uma pessoa (e/ou os sobreviventes), frente à realidade da morte iminente, experimentava uma série de estágios emocionais: negação, raiva, barganha, depressão e aceitação (sem uma sequência específica). Este modelo foi estendido e expandido por outros autores para se referir à perda de maneira mais abrangente.

18. Herbert Dwight Kelleher é o carismático ex-CEO da Southwest Airlines, famoso por abraçar fortemente os empregados para demonstrar sua gratidão pelo trabalho duro deles.

19. A. D. Wolvin e C. G. Coakley, *Listening, Understanding, and Misunderstanding* (New Orleans: Sage Publications, 1996).

20. Entrevista do autor com Ali Gill.

21. Y. Doz e M. Kosonen, *Fast Strategy: How Strategic Agility Will Help You to Stay Ahead of the Game* (Harlow, UK: Pearson Education, 2008), Capítulo 9, "Energizing Hearts", pp. 167-182.

22. Gary Yukl e John W. Michelin, "Proactive Influence Tactics and Leader Member Exchange", em C. A. Schriesheim e L. L. Neider, eds., *Power and Influence in Organizations: New Empirical and Theoretical Perspectives* (Greenwich, CT: Information Age Publishing, 2006), pp. 87-103.
23. Professor Rob Goffee, London Business School.
24. Mais precisamente, Mahatma Gandhi disse: "Seja a mudança que você deseja ver no mundo".
25. Albert Mehabrian, *Silent Messages,* (Belmont, CA: Wadsworth, 1971). Um estudo clássico com frequência citado erroneamente como "o impacto total de uma mensagem baseia-se em: 7% das palavras usadas; 38% do tom de voz, volume, ritmo do discurso, entonação; 55% de expressão facial, gestos das mãos, posturas e outras formas de linguagem corporal". É a regra 7%-38%-55%. Mas Mehabrian nunca alegou que você poderia ver um filme numa língua estrangeira e entender 93% do conteúdo observando a linguagem corporal. Sua pesquisa focava a comunicação das emoções — especificamente, gostar e desgostar. O aspecto não-verbal da comunicação *não* entregará 93% de toda sua mensagem, mas irá revelar as emoções, motivos, sentimentos subjacentes e, especialmente, qualquer dissonância entre o que você diz e o que transparece.
26. Arthur Brisbane, "Speakers Give Sound Advice", *Syracuse Post Standard,* 28 de março, 1911, p. 18.
27. Editores da *Fortune,* "IBM's Ginni Rometty on Leadership", transcrito, 2 de outubro, 2012.
28. Charles Handy, *The Hungry Spirit* (Londres, Inglaterra: Hutchinson, 1997).
29. Jay A Conger, *Winning Em Over: A New Model for Management in the Age of Persuasion* (Nova York: Simon & Schuster, 1998).
30. Por exemplo, o livro abrangente de Lawrence G. Hrebiniak's *Making Strategy Work: Leading Effective Execution and Change* (Philadelphia: Wharton School Publishing/Pearson Education, 2005) menciona pessoas primeiro no Capítulo 7, e seu modelo de execução de estratégia não inclui pessoas de forma nenhuma.
31. O termo *dissonância cognitiva* foi cunhado por Leon Festinger em seu livro de 1956 *When Prophecy Fails* (Minneapolis, MN: University of Minnesota Press) para descrever os seguidores de um culto a naves extraterrestres con-

forme a realidade colidia com sua fervorosa crença de um apocalipse iminente. Festinger subsequentemente (1957) publicou outro livro chamado *A Theory of Cognitive Dissonance* (Stanford. CA: Stanford University Press) em que descreve a teoria. A dissonância cognitiva é uma das teorias de maior influência e mais extensivamente estudada na psicologia social.

32. Emily Lawson e Colin Price, *The Psychology of Change Management* (London: McKinsey, 2003).

33. A hierarquia das necessidades de Maslow é uma teoria da psicologia proposta por Abraham Maslow em seu trabalho de 1943, "A Theory of Human Motivation". Maslow usou os termos *segurança psicológica, pertencimento, amor, estima, autoconhecimento* e *auto-transcendência* para descrever o padrão em que as motivações humanas geralmente evoluem.

34. J. R. Hackman e G. R. Oldham, "Motivation Through the Design of Work: Test of a Theory", *Organizational Behavior and Human Performance,* vol. 16, no. 2, 1976, pp. 250-279.

35. Teresa Amabile e Steven Kramer, *The Progress Principle: Using Small Wins to Ignite Joy, Engagement and Creativity at Work* (Cambridge, MA: Harvard Business Review Press, agosto 2011).

36. Teresa Amabile e Steven Kramer, "How Leaders Kill Meaning at Work", *Harvard Business Review,* janeiro 2012.

Capítulo 4

1. Arthur Jensen, *Straight Talk About Mental Tests* (Nova York: Free Press, 1981). O QI médio dos executivos é 125 multiplicado pelos 35 executivos na sala = 4.375 pontos de QI.

2. Gary L. Neilson, Karla L. Martin e Elizabeth Powers, "The Secrets to Successful Strategy Execution", *Harvard Business Review,* junho 2008. Também, Arthur A. Thompson, Jr., Margaret Peteraf, John E. Gamble e A. J. Strickland, *Crafting and Executing Strategy: The Quest for Competitive Advantage: Concepts and Cases* (New York: McGraw-Hill, 2011).

3. Peter F. Drucker (1909-2005) nascido na Áustria e radicado nos Estados Unidos. Foi consultor em gestão, educador e autor, cujos textos contribuíram para as bases filosóficas e práticas das corporações modernas. Também foi líder no desenvolvimento da educação em gestão e inventou a prática de gestão

por objetivos. Veja em Brainy Quotes (online) uma lista de seus pensamentos maravilhosos.

4. Entrevista do autor com Jeremy Pelczer.

5. Stephen Bungay em seu livro *The Art of Action* (Londres: Nicholas Brealey Publishing, 2011) adota o termo das forças armadas *backbriefing* para descrever este processo.

6. Entrevista do autor com Irene Dorner.

7. Jerome Bruner, "Actual Minds, Possible Worlds", palestras Jerusalém-Harvard, Harvard College 1986. Também em vídeo Leanln.Org da Professora de Stanford Jennifer Aaker.

8. Michael Beer e col., *Managing Human Assets* (Nova York: Free Press, 1984) sugeriu que "a verdade deve falar para o poder".

9. Brainy Quote.

10. Michael Beer, *High Commitment High Performance: How to Build a Resilient Organization for Sustained Advantage* (São Francisco, CA: Jossey-Bass, 2009).

11. Professor Gary Latham, Rotman School of Management, University de Toronto, Canadá

12. Henry Ford, fundador da Ford Motor Company, teria dito "Por que toda vez que peço um par de mãos, elas vêm junto com um cérebro?".

13. Uma das citações favoritas de Anita Roddick colocada na lateral dos caminhões da Body Shop.

14. Grant Thornton publicou no exemplar de janeiro de 2013 da *UK Business Confidence Monitor* que as empresas ainda estavam cautelosas sobre investir na recuperação, ressaltado por um contínuo baixo investimento de capital e aumento dos salários. Em março de 2013, o Instituto Ifo em Munique, Alemanha, disse que seu índice do clima, baseado numa pesquisa com 7.000 executivos, mostrou um declínio na confiança das empresas alemãs. Existem muitos outros índices semelhantes de confiança das empresas.

15. Entrevista do autor com Nick Forster.

16. Carol Dweck, *Mindset: The New Psychology of Success* (Nova York: Random House, 2006).

17. Entrevista do autor com Nick Forster.
18. Carol Dweck, *Mindset: The New Psychology of Success* (New York: Random House, 2006).
19. *Provérbios e Epigramas de John Heywood*, 1562. Sim, pensamos que fosse de *Alice no País das Maravilhas* de Lewis Carroll também.
20. Entrevista do autor com Dominique Fournier.
21. O Japão ainda sofre consequências da recessão de 1989-1990, quando a bolha financeira e imobiliária estourou; veja BBC *Business*, 14 de agosto, 2002, e no *The New York Times*, 13 de fevereiro, 2013, exemplos de comentários sobre este assunto.
22. Nicholas Carr, *The Shallows: What the Internet Is Doing to Our Brains* (Nova York: W. W. Norton & Co., 2010).
23. Marcus Buckingham e Curt Coffman, *First Break All the Rules; What the World's Greatest Managers Do Differently* (Londres: Simon and Schuster UK, 2005).
24. Entrevista do autor com Jeremy Pelczer.
25. Edwin A Locke, "Toward a Theory of Task Motivation and Incentives", *Organizational Behavior and Human Performance*, vol. 3, 1968, pp. 157-189. Veja também Edwin A. Locke e Gary P. Latham, *A Theory of Goal Setting and Task Performance* (Englewood Cliffs, NJ: Prentice Hall, 1990).
26. Esta não é uma referência à canção de Justin Bieber, mas a intenção é dizer "nunca desista".

Capítulo 5

1. Entrevista com Sir Jeremy Greenstock, ex-embaixador do Reino Unido para as Nações Unidas.
2. Série de palestras do reitor da Berkeley Haas School of Business na Universidade da Califórnia apresentada por John Chambers, terça-feira, 28 setembro, 2010 às 12:45 no Andersen Auditorium.
3. Entrevista do autor com Tom Albanese.
4. Stefan Stern, "Feel the Strategy: Leaders Must Exchange Hearts as Well as Minds", *Management Today*, 1º de novembro, 2008.

5. A diretrizes para maratonas foram obtidas de diversas fontes, incluindo material de entrevistas com Chuck Engle, que venceu 148 maratonas, com tempo médio de percurso de 2:44 horas, vitórias em 50 estados americanos, assim como as experiência da autora Liz Mellon como maratonista.
6. Entrevista do autor com Ali Gill.
7. Meyer Friedman, *Type A Behavior: Its Diagnosis and Treatment* (New York, Plenum Press/Kluwer Academic Press, 1996).
8. Connie J. G. Gersick, "Time and Transition in Work Teams: Toward a New Model of Group Development", *Academy of Management Journal*, vol. 31, no. 1, 1988, pp. 9-41.
9. Forma = o grupo se reúne; tempestade = há o debate inicial e a discordância sobre como o trabalho deve ser executado; norma = o grupo sobre padrões de procedimentos no trabalho, os quais adota e mantém ao longo de toda tarefa de execução; desempenhar = somente depois que o grupo chega a um acordo sobre o processo pode avançar para uma realização eficaz da tarefa.
10. Jim Collins contou a uma história semelhante sobre a saída da rede Walgreens de restaurantes em "Level Five Leadership: the Triumph of Humility and Fierce Resolve", *Harvard Business Review*, janeiro 2001.
11. Após várias décadas de estudos empíricos, Elliott Jaques (um psicoterapeuta e psicólogo organizacional canadense) concluiu que os humanos diferem em sua habilidade em complexidades dependentes de tempo. Todos temos um horizonte de tempo natural com o qual nos sentimos confortáveis, que Jaques chamou de "Critério da extensão de tempo", ou a extensão da tarefa mais longa que um indivíduo consegue assumir com sucesso. Jaques observou que as organizações reconhecem implicitamente este fato em tudo, de cargos a salários: trabalhadores de linha de montagem são pagos por hora, gerentes recebem bônus anuais e executivos seniores são recompensados com incentivos de longo prazo, tais como opções de ações. Atualmente, sua pesquisa é vista como controversa. Por exemplo, veja Elliott Jaques, *Requisite Organization: A Total System for Effective Managerial Organization and Managerial Leadership for the 21st Century* (Arlington, VA: Cason Hall & Co., 1989, 1996, 1998).
12. Charles Darwin, Capítulo 14, "Concluding Remarks and Summary", em Charles Darwin, *The Expression of the Emotions in Man and Animals* (Nova York: D. Appleton and Company, 1872), pp. 347-366.

13. Melinda Wenner, "Smile! It Could Make You Happier", *Scientific American*, 14 de outubro, 2009.
14. Tara Kraft e Sarah Pressman, "Grin and Bear It: The Influence of Manipulated Positive Facial Expression on the Stress Response", *Psychological Science*, agosto-setembro 2012.
15. B. Leadbeater, D. Dodgen e A. Solarz, "The Resilience Revolution: A Paradigm Shift for Research and Policy", em R. D. Peters, B. Leadbeater e R. J. McMahon, eds., *Resilience in Children, Families, and Communities: Linking Context to Practice and Policy* (Nova York: Kluwer, 2005), pp. 47-63.
16. A. Zolli and A. M. Healy, *Resilience* (London: Headline Publishing Group, 2.012).
17. Charles Handy, *The Future of Work* (Oxford, UK: Blackwell Publishers, 1984).
18. O Relatório Estatístico Anual HSE para o período 2011-2012 mostrou que, somente no Reino Unido, foram perdidos mais de 27 milhões de dias de trabalho, sendo 10,4 milhões deles resultado de estresse. Uma outra pesquisa conduzida pela Friends Life, publicada em novembro 2012, concluiu que 32% da população ativa no Reino Unido tiraram um dia de folga devido ao estresse.
19. O título de emérito é concedido a professores que são tão famosos que sua instituição empregadora quer que eles nunca se aposentem. O Professor Argyris tinha 90 anos em 2013.
20. Chris P. Argyris, *Understanding Organizational Behavior* (Home-wood IL: Dorsey Press, 1960). Edgar H. Schein acrescentou explanações sobre o assunto: *Organizational Psychology* (Englewood Cliffs. NJ: Prentice Hall, 1980).
21. J. M. Hiltrop, "Managing the Changing Psychological Contract", *Employee Relations*, vol. 18, no. 1, pp. 36-50.
22. Citação de *William Hesketh Lever: Port Sunlight and Port Fish-light*, (Londres: Development Trust Association, 2007. Provavelmente melhor é a biografia escrita por Adam MacQueen, *The King of Sunlight: How William Lever Cleaned Up the World*. (Ealing, UK: Bantam Press/ Transworld, 2004).
23. Citação de Dean Becker no website Adaptiv Learning Systems.
24. Bob Kaplan e Rob Kaiser, *The Versatile Leader* (San Francisco: Pfeiffer Wiley, 2006).

25. Entrevista do autor com Irene Dorner.

26. Marshall Goldsmith, *What Got You Here Won't Get You There: How Successful People Become Even More Successful* (Nova York: Hyperion Books, 2007).

27. Autobiografia de Henry Ford, *My Life and Work,* por Henry Ford, com a colaboração de Samuel Crowther (Garden City, NY: Doubleday, Page & Co., 1923).

28. Anne Jardim, *The First Henry Ford: A Study in Personality and Business Leadership* (Cambridge, MA: MIT Press, 1970).

29. G. Hamel e L. Valikangas, "The Quest for Resilience", *Harvard Business Review,* setembro 2003.

30. D. L. Bradford e A. R. Cohen, *Power Up: Transforming Organizations Through Shared Leadership* (Nova York: John Wiley & Sons, 1998). Os autores defendem a liderança pós-heroica, que é mais inclusiva.

31. A Estrutura de 7S da McKinsey é um modelo de gestão desenvolvido pelos renomados consultores de negócios Robert H. Waterman, Jr. e Tom Peters (autor também de *Em Busca da Excelência* na década de 1980).

32. William Heath Robinson (1872-1944) foi o cartunista e ilustrador inglês famoso por desenhos de máquinas excêntricas. Na Inglaterra, o nome "Heath Robinson" entrou para o vernáculo como descrição de dispositivos desnecessariamente complexos e implausíveis, da mesma forma, "Rube Goldberg" nos Estados Unidos, conhecido por uma série popular de histórias em quadrinhos de engenhocas complexas que realizavam tarefas simples de maneira indireta e enrolada.

33. Liz Mellon, David C. Nagel, Robert Lippert e Nigel Slack, *The New CFOs: How Finance Teams and Their Leaders Can Revolutionize Modern Business* (Londres: Kogan Page, 2012).

34. Daniel Kahneman, *Thinking, Fast and Slow* (New York: Farrar, Straus & Giroux, 2011).

35. Entrevista do autor com Tony O'Driscoll.

36. Idem.

Índice Remissivo

A Aldeia:
  bloqueio na, 32
  como elemento básico, 31
  confiança nos Anciãos, 83-4
  membros, 31
  metas comuns, 34
  papel fundamental, 38-40
A form segue a função, 177-9
A Raposa e as Uvas (Esopo), 109
ABC (Anheuser-Busch Companies), 135-6
Abraços metafóricos, 97-9
Abraços, metafóricos, 97-8
Aceitação, de metas de desempenho, 142
Acompanhamento:
  e estimular as pessoas, 136-46
  exercício Tump em, 116-8, 120
  para incutir a mudança, 109-11
Adaptabilidade para criar resistência, 158-9, 165-9
Adaptiv Learning Systems, 165
Afastando Anciãos, 59
Agitação:
  mudança vs., 138-8
  para CEOs, 66
Albanese, Tom, 42-4, 70, 150-1
Alcan, 43
Allen, Woody, 153
Amabile, Teresa, 111-2
Amazon, 82
American Water, 68
Amídala, 90
Análise de desempenho, 68
Análises, desempenho, 68
Anciãos da Aldeia, 22
  alinhamento entre, 69
  CEO apoiado por, 75-6
  como círculo virtuoso, 71 (*Veja também* passos para Reunir os Anciãos)
  consenso entre, 73-5
  liderança por, 57-69
  times vs., 69-70

Anciãos eficientes, 59-60
Android, 39
Anheuser-Busch Companies (ABC), 135-6
Ânimo, 72
Anistia Internacional, 163-4
Annan, Kofi, 56
Apple, 54, 55, 143
Aprendendo:
  a influenciar, 63-4
  com o fracasso, 131-2
  de todas as fontes, 132-3
Argyris, Chris, 162
Aristóteles, 85
Arrogância, 72
"As pessoas são nosso patrimônio mais importante", 133-5
Atraso tecnológico, no setor de telefonia móvel, 54-5
Auditoria do poder, 129-30
Autenticidade, 65
Avançando, 104
Aversão ao risco, 132
"Baixas", 59
Bandeira vermelha, 78
Bandura, Albert, 104
Barclays, 163
Baxi Heating, 145-6, 178
Becker, Dean, 165
Bem-estar crônico, nas empresas, 72-3
Bezos, Jeff, 82
Bhasin, Pramod, 85
BHP Billiton, 43, 70
Bindi, 91
Bloqueio, 100 principais executivos como, 28, 32-3
Bootle, Ronnie, 145-6
Bosack, Len, 25
BP, 73
BPB plc (*veja* British Plaster Board)
Branson, Sir Richard, 30-2, 57
Briefing em cascata, 121
Brigas internas, 73
Brisbane, Arthur, 104
British Airways, 48

British Plaster Board (BPB plc), 181-9
  passo criar resistência, 187-9
  passo estimular as pessoas, 186-7
  passo mobilizar a Aldeia, 183-4
  passo potencializar o emocional, 185-7
  passo reunir os Anciãos, 183-5
Busch, Adolphus, 135-6
Busch, August Anheuser, III, 135-6
Carisma, 110
Carr, Nicholas, 137
CEOs, 40-1
  agitação, 66
  batalha por foco, 75
  como Anciãos, 58
  como estrategista, 22 (*Veja também* indivíduos específicos)
  como obstáculo, 39
  consenso moldado por, 74
  e consultores, 92, 93-4
  e execução, 33
  guiando a coalizão para, 67
  mensagem do, 47
  suporte dos Anciãos, 75-6
  time de aconselhamento para (veja Anciãos da Aldeia)
  time executivo herdado por, 58-9
Cérebro, tomada de decisão e, 90-1
Chambers, John, 25-7, 119-20, 149
Cisco, 25-7, 121-2
Claridges (Londres), 134-5
Clinton, Hillary, 149, 158
Colaboração, dos Anciãos, 65
Colaboração, metas, 50-1
começando com, 113
Competências (para execução), 99-114
  acompanhamento, 109-11
  avançando, 104

conexão, 101-2, 105-6
controle emocional, 100-1
criando significado, 111-2
dissonância cognitiva, 108-10
empregabilidade, 165
liderança física, 103-4
mudando a mente das pessoas, 107-8
paciência, 100
paixão, 105-8
pensar diferente, 112-3
proporcionando confiança, 104-5
propósito, 105-8
ser a mudança, 102-3
ser influenciado, 99-100
Competências técnicas, 167
Competição:
  e qualidades dos Anciãos, 65
  para promoções, 61
Comportamentos hiperativos, 137-8
Comportamentos impulsivos, 137-8
Comprometimento, 108
Comunicação não verbal, 104
Comunicação:
  clareza da, 47-8
  como objetivo principal, 32
  como um fluxo bidirecional, 122 (*Veja também* Conversas)
  conexões vs., 101
  durante fechamento de negócios, 72
  em dialetos locais, 123-4
  estimulando as pessoas através, 118-9
  exercício do Tump em, 116-8
  individual vs. generalizada, 46-7
  memorável, 124-5
  não-verbal, 104
  para a gerência média, 120-1
  pelos líderes, 88
  por líderes excepcionais, 112
Comunicações memoráveis, 125
Comunidade(s):
  100 principais executivos como, 28
  falta de senso de, 32-4
  identificando as Aldeias como, 42

orientação dos Anciãos, 57
tamanho, 30-1
Conexão, 101-2, 105-6
  como conexão, 123
  comunicações vs., 101
Conferências, 32-3
Confiabilidade:
  dos Anciãos, 65
  e aprender a influenciar, 62-4
  minimizar, 87
Confiança
  na construção da Aldeia, 82-3
  proporcionando, 104-5
Conformidade, 108-9
Confrontação, 47-9
  com questões desafiadoras, 76
  pouca ou muita disposição para, 70
Consenso, 73-5
Consolidação, destinando tempo para, 160
Consultores de conteúdo, 93
Consultores de processo, 93
Consultores, dificuldade com, 92-4
Consultoria, mercado de, 19
Contrato psicológico, 162-5
Controle emocional, 101
Conversas:
  bandeira vermelha, 78-9
  emoção nas, 85-6
  na gestão do desempenho, 140
  no processo de adequação estratégica, 126-7
  reservando tempo para, 101-2
Cooperação, 45-6
Corrida de maratona, estágios da, 152-4
Córtex Ventromedial pré-frontal (VMF), 90-1
Credibilidade:
  criando, 35-6
  da organização, 88
  dos Anciãos, 65
  exagerando, 87
Crença nas coisas certas, 109-10
Criação de times, 70
Criar laços, 32
Crotonville leadership, instituto, 138

Culpa, 129-31
Cultura para execução, 120-47
  acompanhamento, 136-46
  comunicação, 120-7
  criando, 143-6
  senso de posse, 127-36
Culver, Frank, 182
Curto prazo, 171-2
Darwin, Charles, 157
Deepwater Horizon, vazamento de óleo, 73
Delegação, 63, 64
Departamento de Defesa dos Estados Unidos, 74
Desastres, negócios, 72-3
Desesperança aprendida, 127-8, 179
Desesperança, aprendida, 128-9, 179
Desmond, Richard, 37
Discordância, dos Anciãos, 67-9, 75-7
Dissonância cognitiva, 109-10
Dividir em partes:
  do meio em diante, 156-8
  na corrida de maratonas, 153
Doenças crônicas, nas empresas, 71-3
Dopamina, 137
Dorner, Irene, 34-7, 48, 67, 79-80, 124-5, 167
Doz, Yves, 66
Drucker, Peter, 120, 126-7
Dunbar, Roger, 31
Dunbar's number, 31
Dupla contagem, 51
Dweck, Carol, 132
Elop, Stephen, 54, 55
Emoções:
  externando, 157
  na reação à mudança, 96-9 (*Veja também* Passo Potencializando o emocional)
  na tomada de decisão, 90-1
Empoderamento, 86-7, 128-9
Empreendimento Port Sunlight, 163-4
Empregabilidade, 162, 165
Energia Kundalini, 90-1
Esopo, 109
Estágios:
  em corrida de maratonas, 152-4

ÍNDICE REMISSIVO 213

para execução de estratégias, 154-8
Estilos de liderança, adequando a estratégia, 73
Estratégia MAX (Maximizando a Excelência em Vendas e Marketing), 183-8
Estratégia:
　clareza sobre o tipo de, 70-3
　como era no passado, 149-52
　discordância, 67-9
　gastos com, 19-22
　horizonte de tempo, 150
　informações de baixo pra cima, 132
　responsabilização, 48
Estresse, 161-2
Ética, 80
Eurípides, 85
Europa, mercado de consultoria na, 19
Evidência, 89
Execução:
　100 principais executivos as como empecilho, 28 (Veja também passos e tópicos específicos)
　cinco passos, 22-3, 181-9
　coordenação da, 33
　horizonte de tempo, 150
　ideias fundamentais, 27-8
　pressão da, 86-7
　transição a meio caminho, 156-7
Exército de Libertação Popular (China), 74
Expertise, dos Anciãos, 62-3
Feedback, 122, 140, 142
Fingindo conformidade, 77-8
Foco:
　batalha por, 75-6
　clareza do, 171
　dos Anciãos, 68-9
　dos times executivos, 69
Forças, criando, 167-9
Ford Motor Company, 169-71
Ford, Henry, 169-71
Forster, Nick, 46-7, 94-5, 130, 132
Fournier, Dominique, 27-8, 136-7
Fracasso, aprendendo com, 131-2
Fraquezas, solucionando, 167-8

Gabriel, Peter, 57
Gamificação, como desafio para os Anciãos, 60-1
Gatehouse Advisory Partners Ltd., 63
General Electric (GE), 132-3, 138
General Motors, 29
George, David Lloyd, 37
Gersick, Connie, 156-7
Gerstner, Lou, 75, 81-2, 177
Gill, Ali, 99, 154-5
Goldsmith, Marshall, 66, 167-9
Goleman, Daniel, 95-6
Google, 133, 134
Gráficos organizacionais, 176-8
Green, Stephen, 35
Greenstock, Sir Jeremy, 63, 149
Groupthink, 72
Hamel, Gary, 172
Handy, Charles, 161
Hansom, Joseph, 37
Harry Potter e a Pedra Filosofal (J. K. Rowling), 168
Hempel, Jessi, 106
Hewlett-Packard (HP), 41
Hierarquia das necessidades de Maslow, 110
Hochs, Thomas, 135
Horizontes de tempo, para estratégia e execução, 150
Household International, 34, 35
HP (Hewlett-Packard), 41
HSBC America, 34-7
Hubris, 72
Hundreds, uso histórico de, 115-6
IBM, 75, 81-2, 106, 107, 177
Idestam, Fredrik, 53
I-Device Operating System (IOS), 25
Immelt, Jeff, 132-3
Incerteza:
　e contrato psicológico, 162
　e paralisia de análise, 88-9
Indústria da telefonia celular, 54
Infineum, 27-8, 136-7
Influência:
　aprendendo a, 63-4
　conexão para, 106
　ser influenciado, 99-100
Inglaterra, 115-6, 144-7
Iniciar a mudança, 102-3

Iniciativas de mudança, fracasso, 19
INSEAD escola de administração, 66
Instintos, confiando, 89-90
Inteligência Emocional (Daniel Goleman), 95
Inteligência emocional (IE), 62, 105
Interdependências de sistemas, 176
Interdependências, sistema, 176
Internet:
　e foco/concentração, 137-8
　e tempo livre, 160-1
Intimidação, 83
Izzard, Eddie, 152
Jaguar Land Rover, 28
Johnson & Johnson, 73
Johnson, Kelly, 170
Journal of Commerce, 37
Kahneman, Daniel, 89-90
Kaiser Leadership Solutions, 165-7
Kaiser, Rob, 165-6
Kallasvuo, Olli-Pekka, 54-5
Kaminski-Cook, Gareth, 182-3, 184, 185, 187
Kaplan DeVries Inc., 166
Kelleher, Herb, 97
King, Martin Luther, 53, 74
KISS, princípio, 171-2
Kramer, Steven, 111-2
Lei de Dorner das Consequências Involuntárias, 79-80
Lenovo, 177
Lerner, Sandy, 25
Lever Brothers, 163
Lever, William Hesketh, 163
Levin, David, 37-8, 71-2, 93
Liderança física, 103-4
Liderança:
　carismática, 109
　deificação da, 173-5
　dos Anciãos, 56-69 (Veja também passo Reunir os Anciãos)
　e confiança na Aldeia, 82-3
　física, 103-4
　gamificação da 56-61
　papel fundamental da, 38-40
Líderes, 21-2
　comunicação, 112
　confiabilidade, 87

habilidades táticas, 165-7 (*Veja também* A Aldeia)
impacto desproporcional, 111-2
Lock, Timothy, 134
Lockheed Skunk Works, 170
London Business School, 83
Machel, Graça, 67
Mackenzie, Andrew, 70
MacNelly, Jeff, 73-4
Mandela, Nelson, 67
Maratona da execução de estratégia, 154-8
Marinha dos Estados Unidos, 170-1
Marshall, Colin, 47
MBAs, 63
McDonald's, 74
McKinsey. Modelo de Sete S, 174, 175
Média gerência:
 como "caixa de correio", 125-6
 competências em operações, 166
 comunicação com executivos seniores, 120-2
 preconceito contra, 29-30
Medição:
 da aceitação, 69
 em gestão do desempenho, 143-4
Medo:
 cultura do, 179
 de mudança, 98
 e entrincheiramento, 130
Mehrabian, Albert, 103
Metas irrealistas, 156
Microsoft, 54, 55
Modelo de torneio, 70
Morse, Samuel, 37
Motivação, 72
Mudança:
 agitação vs., 138
 autodirigida, 133
 iniciar a mudança, 102-3
 reações emocionais previsíveis, 96-9
Mudando a mente das pessoas, 107-8
Nokia, 53-56
Nooyi, Indra, 115

O Que Trouxe Você Até Aqui Não O Levará Até Lá (Marshall Goldsmith), 66
Objetivos comuns, 34
Objetivos:
 comuns, 34
 irrealistas, 156
 na gestão de desempenho, 140-2
Ocupabilidade, 74, 161
Aceitação:
 da Aldeia, 36-7
 medindo 69
O'Driscoll, Tony, 75, 177-8
Organizações de aprendizado, 162
Organizações:
 aprendizado, 162
 criando resistência, 173-9
 tamanho, 74
Orientação do desempenho, 140-7
Os 100 executivos principais:
 como empecilho para a execução, 28
 criando confiança em, 83
 na Nokia, 54-6 (*Veja também* A Aldeia)
"Os Anciãos", 56-7 (*Veja também* Anciãos da Aldeia)

Ouvir, 98
Paciência, 100
Paixão, 106-8
Palestras TED, 112
Paralisia de análise, 89
"Passageiros", 59

Passo criar resistência, 149-80
 adaptabilidade, 165-8
 em organizações, 172-9
 estágios para correr maratonas, 152-4
 estágios para execução de estratégia, 158-9
 fórmula para, 158-9
 guia de autoavaliação, 193-4
 horizontes de tempo para estratégia e execução, 149-50
 na BPB plc, 187-9
 perseverança, 168-9
 resiliência, 159-65
Passo Estimular as Pessoas, 115-47

 através de comunicação, 118-28
 através de senso de posse, 128-36
 e acompanhamento, 136-46
 e cultura de execução, 120-47
 e QI, 118
 e Swanborough Tump, 115-6
 exercíco para execução de estratégia, 116-8
 guia de autoavaliação, 192-3
 na BPB plc, 186-7
Passo Mobilizar a Aldeia, 25-52
 falta de senso de comunidade, 33-5
 fazer a Aldeia avançar, 41-52
 guia de autoavaliação, 190-1
 ideias fundamentais, 27-9
 na BPB plc, 183-4
 na Cisco, 25-8
 na UBM, 37-9
 no HSBC America, 34-7
 preconceito contra a gerência média, 29-30
Passo Potencializando o Racional, 85-114
 competências, 99-114
 dificuldades com consultores,93-5
 e QE, 95-6
 e QI, 87-88
 guia de autoavaliação, 191-3
 instintos confiáveis, 89-90
 na BPB plc, 185-7
 na The Body Shop, 91-2
 preconceito, 93
 pressão da execução de estratégia, 85-7
 raciocínio que atrapalha, 88-9
 reações emocionais previsíveis a mudanças, 96-9
Passo Reunir os Anciãos, 53-84
 afastando Anciãos, 59
 Anciãos eficientes, 59-60
 aumentando a sabedoria dos Anciãos, 69-79
 confiança da Aldeia nos Anciãos, 82-3
 credibilidade e confiabilidade, 65
 desafio da gamificação, 60-1
 desafio de inteligência, 61-2
 discordância, 67-9

ÍNDICE REMISSIVO 215

e time executivo herdado, 58-9
expertise dos Anciãos, 62-3
foco dos Anciãos, 68-9
formação de Anciãos, 57-8
guia de autoavaliação, 190-1
na BPB plc, 183-5
na Nokia, 53-56
prendendo a influenciar, 63-4
procedimentos de boa governança, 80-2
requisitos da função, 64-5
superando fracassos, 68
transição para Ancião, 66
Patton, George, 19
Pelczer, Jeremy, 68, 75, 89, 120, 142
Pensamento:
  e tomada de decisão guiada pela emoção, 90-1
  mudando a mente das pessoas, 108-9
  pensar diferente como competência, 112-3
  que atrapalha, 88-9 (*Veja também* passo Potencializando o emocional)
  rápido e lento, 89-90
Pensando Rápido e Lento (Daniel Kahneman), 89-90
Pequenas vitórias, 111
Período de anistia, 37
Perseverança para criar resistência, 158-60, 168-9
Persistência, 149 (*Veja também* passo Criar resistência)
Perspectiva de processo, 175-7
Pesquisa com empregados, 69
Peters, Tom, 29
Piatt, Lew, 41
Poder:
  desequilíbrios, 70
  em todos os níveis do trabalho, 129
Política global, 43, 44
Política, 59
  entre Anciãos, 71
  identificando e lidando com, 79-80
Pragmatismo, 59
Prática, 154-5
Princípios Quaker, 163-4
Priorização, 74-5

Procedimentos de boa governança, 79-82
Procedimentos de governança, 80-2
Processo de adequação estratégica, 127-8
Promoção:
  modelo competitivo, 61
  qualificação para Anciãos, 64-5
Propensão:
  contra a gerência média, 28-9
  na tomada de decisão, 92
  por pensar exageradamente, 89
Propósito, 105-8
QE (quociente/inteligência emocional), 62, 94-6, 104
QI (*veja* quociente de inteligência)
Quociente de Inteligência (QI):
  como desafio para Anciãos, 61-2
  e estimulando as pessoas, 118
  foco dos consultores em, 93
  problemas envolvidos, 87-8
Quociente emocional (QE), 94-6
Reagrupamento, 160-1
Realizações em gestão do desempenho, 142-4
Reed Elsevier plc, 46-7
Reed Exhibitions, 46-7, 95-6
Reino Unido, estresse no, 160-1
Reorgação/reestruturação, 176-9
Resiliência psicológica, 160
Resiliência:
  contrato psicológico, 164
  Para criar resistência, 160-4
  pessoal e organizacional, 159
Resistência:
  definição, 149
  fórmula, 159-60 (*Veja também* Passo Criar Resistência)
Respeito, entre Anciãos, 70, 71
Responsabilidade coletiva / responsabilização, 33-4
Responsabilidade:
  clareza, 81
  coletiva, 33
Responsabilização:
  clareza da, 81-2

  coletiva, 33-4
  e culpa, 130
  para estratégia, 48
Retiros (estratégia), 42
Retorno total para o acionista (TSR), 172
Reuniões:
  agendamento, 81-2
  de dia inteiro, 80
  na IBM, 81-2
  regras, 81
Ricci, Ron, 26
Rio Tinto, 28, 43, 45, 70, 149-51
Robinson Hambro, 46
Robinson, Karina, 46
Roddick, Anita, 91-2
Roddick, Gordon, 91, 92
Rometty, Ginni, 106-7, 109
Rowling, J. K., 168-9
Rusbridge, Mike, 95-5
Ryan, Joe, 29
Sabedoria, nos Anciãos, 69-79
Saint-Gobain, 185
Samsung, 55
Self-assessment guides, 190-3
Self-control, 62
Self-directed change, 133
Self-insight, for adaptability, 167
Senior Executive Program, London Business School, 83
Senso de posse:
  adquirindo, 46-7
  e confiança na Aldeia, 83-4
  estimulando as pessoas através, 127-36
  exercício Tump, 116-9
  vantagem, 108-9
Ser influenciado, 100-1
Serviço Nacional de Saúde do Reino Unido, 74
significado *vs.*, 171
Significado:
  como motivador, 171
  criando, 111-2
  relação entre trabalho e, 111
Siilasmaa, Risto, 54
Simplicidade, 170-1
Sinek, Simon, 112
Sistema de gestão de desempenho, 139-47
  conversas e feedback, 140-1
  definição de metas, 141-3
  medição, 143-4

orientação do desempenho, 140-1
realizações, 140-2
Sistema de gestão de distribuição forçada, 139-47
Sistema de recompensa, 48
Smith, Roger, 29
Sony, 163-4
Southwest Airlines, 134
Sport Relief, 152
Stern, Stefan, 152
Substituição, causas, 66
Superdimensionando a si próprio, 157
Swanborough Tump, 115-6
Taylor, Frederick Winslow, 24
TDAH (transtorno do déficit de atenção e hiperatividade), 137-8
Tédio, na corrida de maratonas,153-4
Tempo de recuperação, 160-1
Thatcher, Margaret, 144
The Body Shop, 90-2
The Economist, 29
Thomas McGhie and Sons, 182

Times executivos herdados, 58-9
Times executivos:
 consenso, 73-4
 foco 69
 herdados, 58-9 (*Veja também* Anciãos da Aldeia)
Times:
 Anciãos da Aldeia vs., 69-71
 executivo, 58-9, 69, 73-5 (*Veja também* Anciãos da Aldeia)
Tomada de decisão:
 emoção, 90-1 (*Veja também* Potencializando o emocional)
 propensão, 92-3
Transição a meio caminho, 156-8
Transparência, 72
Transtorno do déficit de atenção e hiperatividade (TDAH), 136-9
Traumas, negócios, 72-3
Treinamento, 154-5

TSR (retorno total para o acionista), 172
Tutu, Desmond, 67
Twain, Mark, 82
Tylenol recall, 73
UBM, 20-21, 55-56
União:
 entre Anciãos, 59-60
 liderança, 66
Unidade em liderança, 66
Unilever, 30
Universidade Stanford, 104
Välikangas, Liisa, 173
Vida de trabalho interior, 111-2
Virgin Group, 31, 134
Visibilidade:
 dos líderes, 172
 para mobilizar a Aldeia, 41-2
VMF córtex (ventromedial pré-frontal), 90-1
Walmart, 74
Walton, Sam, 25
Water Aid, 68
Whitbread, 28
Wood, Ben, 54
Wren, Sir Christopher, 111